集英社新書ノンフィクション

癒されぬアメリカ

先住民社会を生きる

鎌田 遵
Kamata Jun

目次

第Ⅲ章　壁とカジノとトランプ——先住民から見たアメリカ社会

カバー・表紙・扉・本文写真（九九、二五三頁を除く）／鎌田 遵

はじめに――声なき民族の抵抗

「ただ、そこにいるだけ。何も語らず、じっと存在しつづける。それが我々の抵抗だ」

アメリカ先住民（ネイティブ・アメリカンやアメリカン・インディアンなどとも呼ばれるが、以下、先住民）、モハベ族のマイケル・ソーシが、わたしにそういったのは、彼の先祖の世代は、何か行動を起こせば弾圧され、ときには部族ごと虐殺されるほど過酷な歴史を経てきたからだ。

彼は二〇一六年一月、五二歳の若さで心臓疾患によって他界した。

「権力者の暴力に、我々はぜったいに屈しない。その精神は健在だ」

と彼はなんども繰りかえしていった。

ソーシとは、モハベ族をはじめ、数々の居留地で調査をともにしただけでなく、一〇〇〇時間以上にわたって、インタビューをつづけた。それでも、まだまだ話し足りない、もっと伝えなければならないことがある、といいながら、彼は悔しそうに、この世を去った。彼が伝え、残したい想(おも)いとは何だったのだろうか。

彼は母方のモハベ族、父方のナバホ族とラグーナ・プエブロ族の文化に精通していただけでなく、それぞれの部族の言語を流暢に話し、スペイン語にも堪能だった。部族の伝統行事では、つねに大切な役割を任せられていた。さらにハーバード大学で政治学を学び、アメリカ社会でも大学教員として成功するであろうと期待されていた。

モハベ族は、先祖代々、砂漠で生活してきたが、生命線だった川の水は、工場排水によって汚染がすすみ、先祖から受け継いだ聖なる砂漠は、射爆場や基地建設などの軍事施設の開発で破壊された。変わり果てた故郷、モハベ族が生きる大地へのソーシの愛惜の感情は誰よりも強かった。しかし、彼らが国や企業を訴える手だてはほとんどなく、ただ時間だけが過ぎていった。そんな惨状に日々接してきたソーシは、会うたびに怒りをあらわにした。

「白人は自分たちがすべての中心であると考える。しかし、先住民の生活の中心には、自然環境への敬意と先祖の魂との深いつながりがある。一部の人間のエゴが差別を助長し、生態系と社会全体を破滅に導いてきた」

それはコロンブスがアメリカ大陸を「発見」して以来、先住民が歩まされた長い苦難の歴史がまだ終わっていないことを意味している。白人による執拗なまでの虐殺行為、伝統や言語を奪い、強制的にアメリカ社会に順応させた、一九世紀以降の同化政策、そして人種差別、迫害はいまもつづいているのだ。

「声をあげることでみずからの存在をアピールすることは大切だ。しかし、何百年ものあいだ絶滅していくことを期待され、文化や言語、存在そのものまでも否定されてきた民は、ただただ、もがいてきた。そして、いまの時代をなんとか生き抜いて、自分たちに起きている事実を、きちんと把握して、若い世代に伝えていこうと必死だった」

とソーシはつけ加えていった。声を発すれば抹殺されかねなかった歴史をくぐり抜けてきた民にとっては、生き延びることこそが抵抗であり、つぎの世代へとつなぐ希望だったのだ。

二〇一〇年の国勢調査によれば、アメリカ合衆国（以下、アメリカ）には、およそ二九三万人の先住民（先住民以外の人種アイデンティティも有していると答えた人の合計は五二二万人以上）が生活している。それはアメリカの総人口約三億八七〇〇万人のおよそ〇・九％を占めているにすぎないが、二〇一九年現在、連邦インディアン局のホームページによると、連邦政府から承認を受けた部族数は五七三にものぼる（承認を受けていない部族も数多くある）。

二〇一一年の国勢調査局の発表では、先住民が守り抜いた土地でもある居留地の数は、三三四。居留地に住んでいる先住民の割合は、全体のおよそ二二％と少ない。

なかには資源開発で潤い、部族警察署、部族消防署、部族裁判所、小・中・高・短大まで完備する人口一〇万人を擁する大規模な居留地もある。その逆に、人口数十人規模の居留地もあり、先住民社会は一様ではない。

たいがいの居留地には、部族をまとめ、州政府や連邦政府との交渉を担う部族政府が設置されている。さながら独立国家のようだ。

また、国勢調査局の二〇一五年の発表によると、先住民の平均年齢は三一・四歳で全米平均の三七・七歳よりも若いことが示されている。しかし、二五歳以上の人で四年制大学を卒業しているのは一八・五%、全米平均の三〇・一%をはるかに下回り、貧困率は二八・三%（全米平均は一五・五%）で、ほかのどの人種よりも深刻だ。

先住民研究をはじめて、およそ三〇年になる。わたしがこれまでに訪れた居留地は一〇〇を越える。広大な国土を有するアメリカの全土に点在する、先住民の生活空間は実に多様だ。先住民とひとくちにいっても、海沿いの集落で漁をする部族、川沿いで農耕する部族、大平原の狩猟で生活する部族、砂漠で野草や果実を採集する部族など、多様な生活を築き上げ、持続してきた。それぞれの部族にそれぞれ固有の歴史と伝統文化がある。

アメリカは、西部劇や歴史の教科書で、いつも開拓者の偉業ばかりが賞賛され、「移民の国」のイメージが一般的だが、たくさんの部族を内包する「先住民の国」でもある。

本書は、わたしが先住民社会のなかで経験し、学んだことを通して、現在のアメリカ社会を読み解くことに主眼をおいた。先住民の人たちが発した言葉から、歴史や現状が伝わることを願っている。

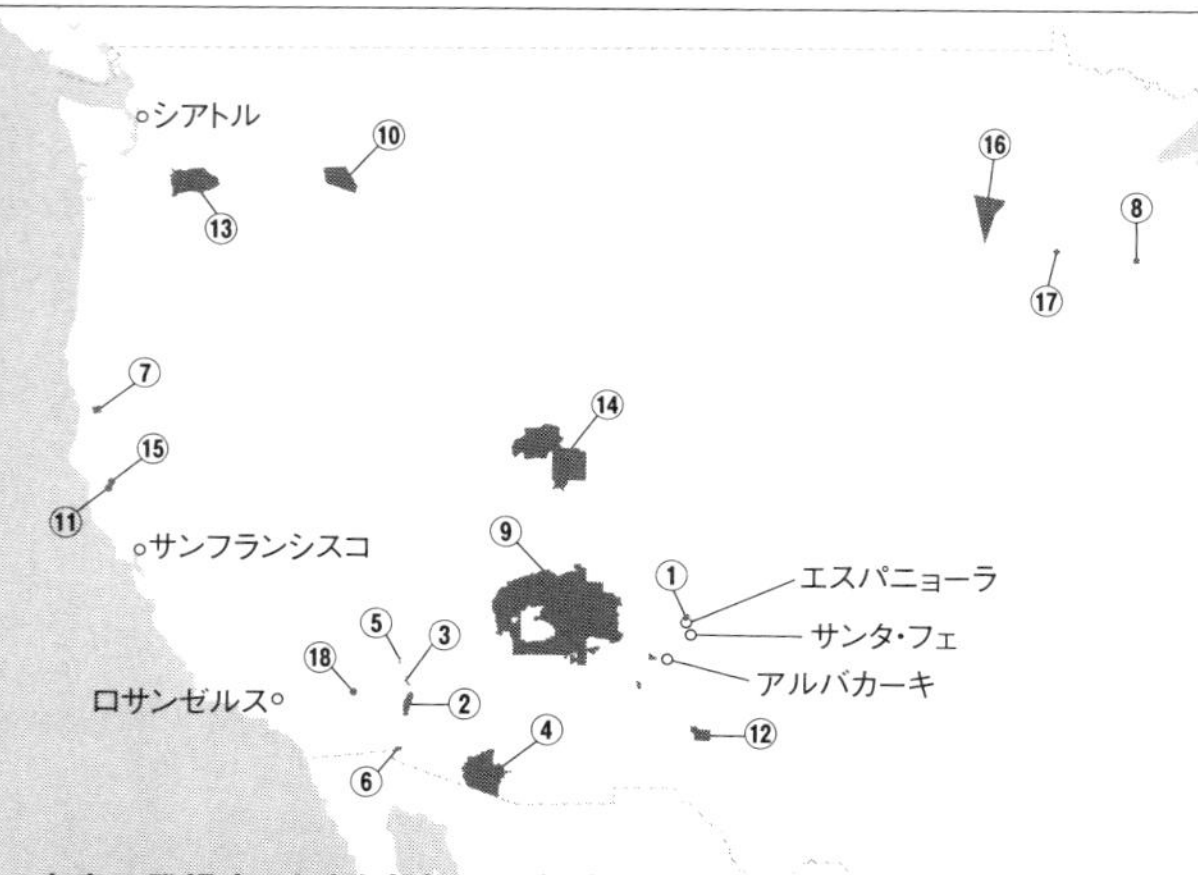

本書に登場するおもな部族の居留地

① オケ・オウェンゲ族居留地
② コロラド・リバー・インディアン部族居留地
③ チェメウエビ族居留地
④ トホノ・オーダム族居留地
⑤ フォート・モハベ・インディアン居留地
⑥ フォート・ユマ・ケチャン・インディアン居留地
⑦ フーパ・バレー族居留地
⑧ プレイリー・アイランド・インディアン・コミュニティ居留地
⑨ ナバホ族居留地
⑩ ネズ・パース族居留地
⑪ ピノルビル・ポモ族居留地
⑫ メスカレロ・アパッチ族居留地
⑬ ヤカマ族居留地
⑭ ユインタ・アンド・オウレイ・インディアン居留地
⑮ レッドウッド・バレー・ランチェリア・オブ・ポモ族居留地
⑯ シストン・ワープトン・オヤテ・オブ・ザ・レイク・トラバース居留地
⑰ ローワー・スー・インディアン・コミュニティ居留地
⑱ トゥエンティナイン・パームス・バンド・オブ・ミッション・インディアンズ居留地

地図作成／MOTHER

第Ⅰ章　砂漠を生きる知恵——モハベの哲学

モハベ族のバラックマン夫妻

1　大事なところ

コヨーテの決断

「腹をすかして、山から降りてきたコヨーテは、必死に食べものを探していた。腹ペコのために警戒心が緩んで、罠(わな)の餌に手をだしてしまった。それで、片足を罠に締めつけられ、身動きがとれなくなった。コヨーテはどうしたか。とっさにその足を嚙(か)み切った。そして、決然と歩き去った」

砂漠の民、モハベ族に伝わる民話だ。餌にありつけないような、日照りがつづく夏、人間が住む集落のそばにまで降りてくるコヨーテには、悲壮感が漂っている。自分の欲しいものを得るときには、覚悟が必要だが、自由はもっとも尊いものだ。自然界の知恵をよく知るコヨーテであっても、勘が鈍るときがある。

コヨーテは自分の片足を食いちぎっても、自由でいることを選んだのか。どう解釈すればいいのだろうか。ソーシになんどきいても、「こんな話には、たいした教訓はない」とつれない。

「消費社会に生きる人は、何かご利益があるかと思って、すぐに教訓を得たがる。そんなたいそうなものじゃない。大切なのは、ストーリーを日常の一部にして生きることだ」

足をなくしたコヨーテの話をきいて、わたしはある話を思い出していた。朝日新聞アイヌ民族取材班によって書かれた『コタンに生きる』には、記者がアイヌのフチ（おばあさん）から「おまえの体についているもので、一番大切なものは何だか知ってるか」と問われたことが記されている。

一日考えてもわからない。二日考えてもわからない。それで降参して、答えをきいた。

「おまえについている名前だべさ。良いことをしたらしたで、悪いことをしたらしたで、死んでからでも名前はついて回るんだよ」

わたしにとって、この本のなかで、もっともインパクトのあるエピソードだった。アイヌ民族の人にたいする信頼と、和人である聞き手の謙虚で、まっすぐな姿勢がよくあらわれている。

本から学んだアイヌの教えを、ソーシに紹介してから、モハベ族の考えでは、体のなかで一番大事な部分はどこか、ときいてみた。

「クリエイター（創造主）がつくってくれた身体（からだ）だから、何が一番大事なのかを、人間は決められない。それは命でもない。先住民は死んだときに、この世を卒業して、もっと高いレベルにある、先祖たちが待つ世界に旅立つ。それは悲劇ではない。このように、命を失っても、体の一部や大切なものを失っても、そのあとにひろがる未来がある」
それだからか、モハベ族は葬儀のとき「またあとで（See you later）」と挨拶して送りだす。神聖なタバコの煙が、儀式を通して祈りや願いを先祖たちに届けてくれる、という信仰があり、魂が集う場所（精神世界）はこの世の中とちかいところにある。

　モハベ族の人たちには、死んだ人の悪口をいってはいけないという不文律がある。自分の先祖とおなじ場所にいる人を批判することになってしまうからだ。それは、魂が送られた世界を汚し、先祖から安住の地を奪うことになりかねない。だから、死んだ人だけでなく喪ったものへの後悔や未練、ネガティブな感情はもたない。

　また、名前に関しては、ほとんどの先住民は英語名のほかに、部族名をもつ。ソーシもアメリカ社会で生きるための英語名、マイケル・ソーシと、精神世界とつながるために太陽を意味するモハベ名（ニオルチ）を使い分けていた。

　実は彼は糖尿病の疾患で、一〇年ほど前に左足を膝下から失っていた。その彼から、足を食いちぎるコヨーテの話をきいて、何か深い意味があるような気がした。

　先住民は、アメリカ国内のほかのどの人種よりも糖尿病の疾病率が高いことで知られている。二〇一七年のアメリカ疾病管理予防センターの発表では、その割合は、白人の約二倍だが、これは部族のおかれた時代と状況によって大きく異なる。同センターの発表によれば、一九九六年の時点で、糖尿病が原因の腎不全を患う先住民人口の割合は、白人の五倍だったという。

米国国立糖尿病・消化器・腎疾病研究所のウィリアム・ノウラー博士らが、一九七〇年代にアリゾナ州のピマ族を対象にした糖尿病の罹患率の調査では、国内のある地域の白人の一二・七倍という驚異的な数字がでた。多くの先住民が、昔もいまも、糖尿病とたたかっている。

もともと大地を駆けまわり、狩りをしていた人たちが、白人との接触によって一ヶ所に強制的に定住させられ、極度の運動不足と食糧難に陥った。そこへ連邦政府が経費削減をしながら、安価で高カロリーの食糧品を配給したことが、その一因といわれている。

ソーシは自身の持病のことを、あたかも他人事のように、何食わぬ顔でさらりと話していた。

「失った足は大切なものではあったが、それがなくてもなんとかなる。大事なことは言葉にできないことが多い。どんな状況でも、大地とずっとつながっていることが重要なのだ」

見ているぜ

"I see you"（お前のやっていることは、お見通しだ）
ソーシが自分に呪いをかけたモハベ族の女性に発した言葉だ。左足を膝下から切断するに至った原因について、彼は独自の解釈をしていた。
二〇〇〇年代はじめ、彼は部族政府の政争に巻き込まれた。彼を敵視していた、モハベ族の中年女性が、ある部族（この部族名はあえてここでは触れない。以下、「魔女のいる部族」と示す）の魔女に頼んでソーシに呪いをかけた。その結果、ソーシは入院中に悪性の菌に感染して、左足を膝下から失った。その「魔女のいる部族」では、部族の人びとの生活の大部分を、伝統的に強力な魔女が操っているといわれている。

しかし、足は奪えても、ソーシの生命まで断つことはできなかった。その邪念は、勢いを増して跳ねかえって、呪いをかけたモハベ族の女性にむかった。本人は無傷だったが、その家族を大きな悲劇が襲い、複数の死者もでたらしい。

人に呪いをかけることは危険なことだ。モハベ族では、もしも、その呪いで相手を殺せなかった場合、敗北感にまみれた呪いは、そのままもっと強くなって呪いをかけた本人にもどってくる、と伝えられている。その女性はそれから、自分の呪いがもとで家族を殺してしまったという罪悪感とともに生きることになる。

足を失う直前、呪いをかけたモハベ族の女性に、部族内のある会議で顔を合わせたときに、ソーシは冷静に世間話をしたという。そして別れ際にいったのが、冒頭の“I see you”だ。

それは“See you later”（また、あとで会おう）ではなくて、“I see you”で、「お前がやっていることは、すべてお見通しだ。殺せるものなら殺してみろ。最後の最後まで、子孫の代までもずっと見ていてやる」という意味らしい。

いわれた相手は動揺を隠せなかったそうだ。呪いから身を守るには、「泰然自若で日常を過ごし、呪った相手に"I see you"とだけ伝えること」だとソーシはいった。

2 部族のタブー

口にすらだせない場所

「この場所を通り過ぎるときに、部族の人たちは手に汗をにじませてハンドルを握る。この光景は部族の全員が見たくない。視界に入っても、何もコメントできない」

二〇一四年三月、マイケル・ソーシにモハベ族の居留地内の渓谷へ、クルマで連れて行ってもらった。そのとき、彼がおもむろに口をひらいた。砂漠のなかにはモハベ族にとって、神聖な場所が無数に存在している。なかには、語ることすらもはばかられているところもある。

先祖代々、人びとが拝んできた崇高な聖地でも、そこに多くの祈りや思いが蓄積されれば、あるときを境に、畏れなければならない場所に変わってしまうことがある。そんな場所は、あえて話題にせずに、日常のなかで、比喩を使ったり、物語にしてつぎの世代に伝えてきた。

「崇拝と呪いは紙一重だ。たとえば、相手を尊重しているとき、相手がそのまま誇り高くいてくれればいいが、些細なことから尊敬の念が急に薄れたとき、その幻滅が勢いをまして、自分の方にむかってくる。いいかえれば、すごく愛している人がいて、その人に浮気をされたら、不変の愛だと思っていたものが憎悪に変わるかもしれない。自然の摂理や動物の生態とちがって、人の心ほど複雑なものはない」

二〇〇〇年代に入って、昔から居留地で語ることが許されなかった聖なる渓谷に、ある企業が目をつけた。都市部に本社を置く建設会社が、道を舗装すれば利便性が高まり、開発プランには最適だ、と考えたのだが、それはモハベ族の伝統文化にそぐわない考えだった。

居留地は自治権で守られている。だから、部族政府の許可なく勝手に開発事業などをはじめられないはずである。それなのに、どういった経緯で、この場所に施設が建設されることになったのか。部族の誰がいくらの金で買収されたのか。すべてはその渓谷に関わることなので、口にすることは許されない。こういったタブーは、先住民社会にはよくある話だ。

また、モハベ族にとっては、神的な渓谷であっても、ほかの部族にとって神聖であるとは限らない。人の立ち入らない特別な場所は、そのことを知っているべつの部族の人たちにとっては、ドラッグの製造や保管、人を匿うなど、利用価値が高いことがある。

「聖地や自然環境は、悪用すれば怒りがこもる。敬うことを怠れば、やがて怒りだし人間に猛威をふるう」とソーシはまるで何かを予言するようにいった。

部族では、開発に携わってしまった家族のことは、もう誰も話題にできない。その一家はタブーを犯し、その渓谷に集う先祖の魂を冒瀆し、「触れてはならない民」になった。つまり生きていながらも、すでにこの世のものではない、穢れた存在とみなされている。

裏切り者の部族

もともとモハベ族には、部族の掟を破った人や近親相姦をした人、白人との混血者などに「ハルシィドメン」（モハベ語で裏切り者）という烙印を押して、追放する習慣があった。混血は白人のスパイになるかもしれないと疑われていたからだ。

モハベ族が生活する居留地は二ヶ所ある。カリフォルニア州東部とアリゾナ州西部、ネバダ州南部の三つの州にまたがるフォート・モハベ・インディアン居留地と、そこからクルマで一時間半ほど南下した、コロラド川下流に位置するコロラド・リバー・インディアン部族居留地だ。連邦政府は、前者を一八七〇年に、後者を一八六五年に居留地として設立した。

それらの居留地とはべつに、ちいさなモハベ族の集団が、べつの部族の居留地で生活している。それは、部族から追放された人、もしくはなんらかの理由で部族を離れた人たちが、安全をもとめて移り住んだことに起因している。モハベ族の大きな集団から別れたあとの「裏切り者」たちは、近郊にいたアパッチ族やナバホ族など、べつの部族と交流しながら、あらたな文

マリエッタ・パッチ

化を構築していった。

マイケル・ソーシの母で、モハベ族の居留地で判事をしていたマリエッタ・パッチによると、「ハルシィドメン」のことをきいた文化人類学者が勘違いして、勝手にそういう名前の、モハベ族に似ている部族がちかくにいると解釈してしまった。そして、その「部族」の存在を信じる人たちが、モハベ族との関係を調べに居留地にやってきたことがある。モハベ族にしてみれば、タブーを犯した人のことを話題にするのもタブーなのだ。

ひと昔前、もっと伝統が色濃かった頃に、外部の業者に秘密の渓谷を売りわたし、開発の許可をだすようなことをしていたなら、すぐに「ハルシィドメン」とみなされて、部族から追いだされていただろう。タブーを犯しても、部族社会にいることが許される理由のひとつに、部族のアメリカ化がある、とマリエッタは見ている。

「平気で人を裏切ったり、嘘をつくような人ですら大統領になれる国のなかにいるのだから、おのずと部族も影響を受ける。どんな人であっても追放するべきではないが、背徳行為に寛大になれば、伝統的な価値観に則った善悪の区別がつかなくなる。いずれは部族もアメリカのようになってしまうのだろうか」

セネカ族の文学者で、カリフォルニア大学リバーサイド校で教鞭を執るミシェル・ラヘージャによれば、もともと先住民は、自分たちの伝統文化を、いまよりもオープンに部外者に見せていた。だから、ヨーロッパからの移民との接触がはじまったとき、彼らは植民地化され、白人の宗教を押しつけられ、伝統文化や言語を禁じられた。さらに、自分たちの先祖を虐殺した白人といまもおなじ国家のなかで、差別や偏見にさらされながら生きなければならないという植民地構造が確立されて、その構図はいまも引き継がれている。

それ以来現在に至るまで、多くの部族で宗教儀式やそれにまつわるものは隠されつづけてきた。一方で先住民の文化には、人形や装飾品、場所や家屋など、人と接することによって、いい魂が宿るものがある。もしも、それらのものを外の世界から遮断すれば、通気性が悪くなり、どんどんネガティブな魂を溜め込んでいき、やがては誰も触れられないものになっていく。

大地のヒダ

「砂漠は、多分に水分を含んだスポンジのようなもの。いろいろなものを吸収して、地中にもどす。人間も砂漠で生まれ、出会い、集まり、ともに生活してやがては吸収される」

直射日光よりも、足下から全身に吹き上げてくる砂の熱気で、頭痛がするほど暑い砂漠の真んなかで、チェメウエビ族のフィリップ・スミスが語った砂漠論だ。広大なモハベ砂漠の奥地で、灌木（かんぼく）が力なく大地にへばりついている、荒漠とした風景を眺めていたわたしの、ぼんやりとした頭のなかに、その砂漠論が入ってきた。

モハベ族の隣人で、おなじく砂漠の民、チェメウエビ族の人たちは、地表にあるものは、なんらかの理由で地下にひろがる世界に吸い込まれなかったものとみなす。彼らは、地底に溜まった透き通った地下水の恵みを得て、すべての生命が砂漠に宿る、と信じている。だから、地球の中心部にかけて奥深くつづく地底は、生命の源になる場所で、宗教的に大きな意味がある。砂漠は汚してはならない地の底に、安全なものだけを沈め、それ以外のものは地表に残す。有害なものをたれ流さないためのフィルターのような役割を果たしている。

地平線までつづくモハベ砂漠の表面に、大小のプラスチック容器やビニール袋、空き缶や古タイヤが捨てられたままになっている。地底にもどれないゴミが視界に入ると、それをつくりだした人間への声なき反抗のように見えてくる。

チェメウエビ族やモハベ族は、砂漠の地底にひろがる貯水湖の位置を正確に把握していて、そこから地表に伝わる冷気を体に溜め込んで砂漠を移動する。スミスと砂漠へいくと、地平線まで見渡せる空漠とした大地で、いつもおなじことをつぶやく。

「ここに来たら、何もないと思うだろう。ところが、自分たちにとっては、砂漠はスーパーマーケットのようなものだ。風邪薬や食べもの、食器や家財道具などの日常生活に必要なものは、すべてここで手に入る」

彼は必要なものをすべて砂漠で調達する。草木や灌木を採集し、砂漠ガメの狩猟もしてきた。風邪の諸症状がでた場合は、砂漠に生えている雑草をそのまま口にする。過酷な環境でも、しっかりと大地に根を張る砂漠の草は、体内で免疫力をあげてくれるそうだ。また、砂漠に生息する巨大なリクガメは、どんな自然環境にも動じず、人生哲学を教えてくれる聖なる動物として崇められているが、その一方で貴重な食糧でもあり、甲羅は装飾品や防具にもなった。

沿岸部で生活している部族にとっての海が、彼らにとっては砂漠で、自然の恵みは豊富だ。都会の暮らしとおなじくらい、砂漠での日々は華やかだという。これまでスミスからは、砂漠は人間のさまざまな欲求を叶える場所だ、と教えられてきた。

「砂漠は病院」「砂漠は薬局」「砂漠はスーパーマーケット」「砂漠は体を癒す温泉」「砂漠は教

会」「砂漠は待ち合わせ場所」「砂漠は農場」「砂漠は避暑地」「砂漠は学校」「砂漠は結婚式場」「砂漠は図書館」「砂漠は動物園」「砂漠は銀行」「砂漠は先祖と会うところ」「砂漠はカウンセラー」「砂漠はホテル」

スミスは怪我(けが)をすれば、その傷口を直接砂漠につける。打ち身やねんざ、神経痛や頭痛なども、砂漠に患部を直接つけて治す。砂地は疲れた体を癒す、快適なベッドにもなる。「恋煩いや浪費癖、親不孝もふくめて、すべての病は砂漠で治る」と彼は誇らしげだ。

ちょうど訪ねたとき、わたしの右足はひどい水虫に苦しめられていて、足の裏は見るも無残だった。スミスに打ち明けると、すぐに砂漠のなかの「皮膚科」に連れて行ってくれた。そこで砂地に患部をこすりつければ、ほぼまちがいなく完治するといわれた。

べつのときは、食あたりで胃腸の調子が悪かった。そうしたら、砂漠の奥にある「内科」、巨大な岩陰からかすかに水が湧きでる、ちいさな泉に連れて行ってくれた。その水をゆっくり飲めば、体調がもとにもどるそうだ。

いずれの疾病も砂漠療法のあとすぐに完治したのだが、べつの部族の人たちから「これは効くよ」とすすめられた市販の薬も服用していたので、どちらが功を奏したのかはわからない。ただ砂漠療法は、大地と身体のすべてがつながり、強くなった気分になった。

さらにある時は、頭皮の活性化にすごく効く砂があると教わり、早速、生え際が気になりは

フィリップ・スミス、砂漠の教会で

じめた前頭部にこすりつけたが、効果はまだあらわれていない。

狙われた砂漠

「砂漠には雨季や豪雨、雪や霰、カミナリや地震もある。雨のあとは一面に大きな湖ができる。砂漠の民はずっと砂漠に生きてきた。砂漠には四季があり、変化に富んでいて、砂に覆われた大地の表情を見れば、機嫌がいいのか、悪いのかすぐにわかる。都会で暮らす白人たちが、勝手にすべてを知り尽くしたように、どこからどこまでが砂漠と定義できるものではない」

スミスは彼の家族が代々暮らしてきた砂漠の話になると、真剣な眼差しになる。アメリカ地質調査所によれば、砂漠は年間降水量が二五〇ミリ未満の地域と定められている。が、スミスは、「砂漠の民たち」が守っている場所がすべて砂漠であって、雨量は関係ない、と頑固だ。

チェメウエビ族とモハベ族の住むのは、カリフォルニア州の東部、ネバダ州の南部、アリゾナ州の西部で、モハベ砂漠がひろがっている地域だ。干上がった湖やアメリカ空軍の射爆場だけでなく、蜃気楼がそびえる不思議な空間もある。スミスのいう砂漠とは、これよりもさらに広範囲の茫漠たる大地を指す。

彼は砂漠の植物と気長に一日中対話ができるほどの穏やかな人格だ。しかし、一九八八年に砂漠の民たちにゆかりある地、ワード・バレーが低レベル放射性廃棄物処分場の建設予定地にされたときには、激しい抵抗運動に参加した。

この計画は、有害廃棄物の処理が専門の、USエコロジー社とカリフォルニア州政府などの主導でおこなわれたもので、同州とアリゾナ州、サウス・ダコタ州、ノース・ダコタ州の四州にある原発や医療施設などから排出される低レベル放射性廃棄物を、モハベ族とチェメウエビ族の生活圏に捨てるというものだった。処分場建設予定地は、周辺地域の貴重な水源であるコロラド川とフォート・モハベ・インディアン居留地から、わずか三〇キロしか離れておらず、環境破壊を招く危険性の高い計画だった。極度に乾燥している気候が、核廃棄物の最終処分場に適している、と狙われたのだ。

いきなり降って湧いた迷惑施設の建設計画だった。しかし、モハベ族とチェメウエビ族、周辺の先住民部族やたくさんの環境保護団体などが一致団結して、非暴力に徹した抵抗運動を展開した。結局、民主党の上院議員や当時のカリフォルニア州知事、民主党のグレイ・デイビスも巻き込んで、二〇〇〇年には計画中止に追い込んだ。

市民の集団が勝利を呼び込んだワード・バレー反対運動のときに、人びとをまとめたのは、「スピリット・ランナー」だった。モハベ族には、天災や人災に限らず、白人の来襲など、何か大きな敵があらわれると、砂漠に点在する部族に伝令を走らせて、救援を依頼する伝統がある。普段は敵対していても、過去に追放された者（ハルシィドメン）であっても、緊急時には

「相互扶助」をする慣習が砂漠には根づいている。

反対運動に参加した、モハベ族のデイビッド・ハーパーは当時のことをこう振りかえった。

「スピリット・ランナーの伝統は、まわりにメッセージを伝え、異なる文化をもつ人たちを団結させるために発揮された。しかし、一時的に人と人はつながったが、ずっとつながりつづけるには、言葉ではいい表せないもっと大切なものが必要だった。反対運動を軸に先住民が生きる砂漠から、アメリカの民主主義をずっと監視していこうという意識が強まればよかったのだが、計画が廃案になってしまうと、外から来た人たちは、すぐにいなくなってしまった」

砂漠を守るということは、民主主義を大地にもたらすということなのだ。

あの場所もタブーかも

モハベ族の砂漠に通いはじめてから二〇年が経った。もしかするとワード・バレーは神聖な場所の一角にあったから、処分場の建設計画が立ちあげられた当初は、語られることが許されなかったのではないか、という疑問を最近になって抱くようになった。

というのは、二〇〇二年にUSエコロジー社に雇われていた推進派、地元の高校教師だったジョン・スクイッブにインタビューをしたとき、彼がこう話していたのを思いだしたからだ。

「モハベ族にワード・バレーのことを問い合わせたら、最初はどこのことを話しているのかわ

モハベ族とチェメウエビ族の砂漠

かっていなかった。ワード・バレーという地名すら知らなかった。部族政府を訪れて、地図で説明して、やっと確認してもらえた。それでも、すぐに反対運動が起きなかったから、部族の伝統とは関係のない土地だと思っていた」

モハベ族の元部族長、メディシンマン（呪術師、もしくは祈祷師、部族によっては、ヒーラーとも呼ばれる）のルエリン・バラックマン（一九一八〜二〇〇六）にこのことをきくと、昔からモハベ族はワード・バレーのことを、シラヤエ・アヘアセ（シラヤエは砂、アヘアセはトルネリオという樹木の意味）と呼んでいた。ただ、この辺り一帯の砂漠は身体の一部のような場所だから、あえて名前をつけたりするほど「よそよそしい付き合い」はしていないという。

もともと砂漠には、いたるところに、その場所にちなんだ物語があった。モハベ語で語られるストーリーを理解すれば、迷子にもならず、事故も起こらなかった。何が大切で、何に気をつけるべきか、それらのストーリーには、多くの教訓がふくまれていたからだ。

彼らの物語にでてくる砂漠の名称は、モハベ語を発音できない白人によって、勝手に英語におき換えられた。そうすれば、名前もない前人未踏の地に、自分たちがはじめて足を踏み入れた、と主張できるからだ。白人の都合で、先住民の存在は消し去られてしまう。

だから、ワード・バレーには、普段名前では呼ばない自宅の廊下のような場所に、白人が強引に英語の名前をつけて、そこに原発や核実験施設からだされる核のゴミを押しつけようとしたのだ。バラックマンは悔しそうにこう話した。

「砂漠の歴史は短くしか記されていない。誰も住んでいなかった、と思われているからだ。しかしモハベ族は、人類が誕生したときからずっとこの砂漠にいた。白人が来たときは、きちんと自分たちの存在をアピールしてきた。それでも、存在を認めてもらえなかった」

かねてから、バラックマンは、ワード・バレーは「精霊の通る道」と話していた。居留地の外にひろがる砂漠をそのまま西にいくと聖なる山があって、その山に伸びる道が貫いている。もしかすると聖地へとつながるワード・バレーは、モハベ族の感覚からすると、話すべき場所ではないのかもしれない。ソーシにそのことをきいたことはあるが、彼は一切核心に触れない。

「大事なこと、精神世界に触れるようなことは、喋らないし、言葉にできない。だから、喋っていないことこそ重要だ。しっかり書き記せ。沈黙をちゃんと記録しろ」

と彼はよく話していた。元来、部外者に喋れることは、たいしたことではないのだろう。ただ、ソーシは反対運動にたいしてべつの見方をしていた。

「ワード・バレーは守れたが、あまり触れられたくない場所をあえて公表して、声を大にして、ほかの地域から来た先住民や白人と団結して守ってきた。それはモハベ族本来の、じっと黙り抜いて守るというやり方とはちがう。結局、一緒に声をあげた環境運動家たちは、自分たちの目的を達成したあとは、砂漠から去って行く。聖地を公言したことで悪化した、その場所との関係を、モハベ族は長い年月をかけて、修復しなくてはならない」

また、民主党の州知事のもとで一度は廃案になったワード・バレー計画が、共和党政権下で復活する可能性も否定できない。二〇一六年バラク・オバマ政権は、先住民社会を貫くダコタ・アクセス・パイプライン計画を見直すことを決断したが、翌年ドナルド・トランプが大統領就任後すぐにそれを覆したことは記憶にあたらしい。だから、ワード・バレーも共和党の州知事の出現や保守化の流れとともに、処分場の建設地としてまた狙われるかもしれない。

マリエッタ・パッチは、それが現代のアメリカで大地を守る先住民が抱く恐怖だという。

「大丈夫と思って約束し、安堵してても、しばらくしたら、まったくちがう方向にひっくり返される。そんな裏切り行為はトランプが大統領になってから、はじまったわけではない。先住民の手の届かないところで、これまでも政府との条約や約束の類いは反故にされてきた。そこに住んでいる人の気持ちを無視して、すべて変えるのが、白人世界の政治だ。時代はますます悪い方へ向かっていくような感じがする。それでも騙されることに慣れてはいけない」

3　つながる人びと

砂漠のカリスマ

マリエッタ・パッチによると、部族と部族をひとつにまとめるために旅をする「スピリット・ランナー」は、灼熱の砂漠を休みなく走り抜けるための体力だけでなく、到着した先で瞬時に状況を伝える、卓越したコミュニケーション能力を備えていなくてはならなかった。彼らは部族のなかでは特別な地位にいて、いまもその子孫たちは尊敬の念を集めている。

普通の人が、極度に乾燥し、気温五〇度を越す砂漠を走るのは、無謀で自殺行為に等しい。スピリット・ランナーの任務は過酷で、選ばれたものは、強靭な肉体と体力を維持するために、普段はトレーニングに大半の時間を割いている。

「部族では、白人社会のように、すべての子どもに平等にものごとを教えるということはしない。子どもの頃から、その子の素質、才能に合わせて、年長者が自然環境のなかで、英才教育を施す。リーダーにむいている子には統率力、呪術師になる子には精神世界とつながる力、芸術の才能がある子には、表現力を伸ばすような、それぞれの目的に合わせた教育がある。だから、スピリット・ランナーになる子は幼い頃から、日々、特殊な訓練を欠かさない」

　そして、文化や言語もちがう、いくつもの部族を惹きつけて統率するスピリット・ランナーに一番必要なのは、カリスマ性だ。それは砂漠を通じて創造主とつながり、物事を見抜く大きな力を得られる人だけがもつ独特なものだ、とマリエッタは力説する。

　トランプの台頭が象徴するような、急速に右傾化している社会では、部族や人種の垣根を超えて人びとを引き寄せるスピリット・ランナーの伝統は、活かされるのだろうか。

「トランプに反対する先住民は多い。しかし、移民問題に関しては、先住民は一枚岩ではない。国境付近の部族は、日々居留地を通過する一部の非合法移民に手を焼いていて、壁をつくれば居留地の安全を守れると思う人もいる。迷惑施設の誘地やパイプラインの問題でも、一定の利益を見込んで、開発に賛成する先住民もいる。住んでいる環境も一様ではなく、問題が多岐にわたっているから、先住民がまとまらない可能性がある」

　もともと広大なアメリカ全土に点在する、個々の部族が直面する問題はあまりにもちがいすぎる。トランプは、移民問題から人種問題、環境問題など、つぎからつぎへと新しい議論を巻き起こし、その隙を縫ってさらに暴走する。それでも、マリエッタは強気だ。

「ひとりのランナーがすべてをカバーするのは難しい時代ではあるが、先住民は土地を守るという共通の認識を強くもてば、団結できるはずだ。大きな変革を起こすために肝心なことは、理想の社会をつくっていくために、どんな自然環境が必要か、ということを最優先に考えることだ。大地と弱者にやさしいビジョンは、部族や人種の垣根を超えて、人びとを魅了する」

貪欲な民

「先祖は白人が欲しがるものをすべてあたえれば、それでおとなしくなると思っていた。土地や財産を渡せば、文化や言語、それに生活するのに必要な最低限の土地は、残してもらえるだろうと考えていた」

ルエリン・バラックマンは、先住民は白人ほど欲深くなかったから、たくさんのものを略奪された、と考えていた。先住民の文明や文化が決して劣っていたわけではない。

もともとモハベ族は、広大な砂漠を人間が「所有」するなどと、大それたことは考えていなかった。砂漠の空間を一時的に借りて、生活しているに過ぎない。砂漠は戦いの場ではなく、ほかの民族と共生する場所だった。

アメリカ建国前、東海岸の部族は、遠い海の彼方（かなた）からやってきた白人を神様と信じ込み、無防備に歓迎して、全員殺された、という逸話が残されている。しかし、モハベ族の生活圏は内陸に位置しているから、白人が来たときにはすでに、彼らが先住民を抑圧することを、予測していた。それでも、白人侵略者たちにたいして、まずは穏やかに話し合おうと考えた。

それでモハベ族の先祖たちは、侵略者の要求に応じた。そうすれば、自分の世代はともかく、子や孫の世代は、白人と一緒に生きていけると思ったからだ。しかし、白人からの要求は底なしだった。伝統文化の継承を禁じ、弾圧によって尊厳までも奪うとは、誰も予想できなかった。

文化人類学者ジャレド・ダイアモンドは、「日本経済新聞」で、つぎのように語っている。

「重要なのは、過去の社会から学ぶことが多いということだ。人類は600万年の歴史を持ち、金属、文字などの現代的特徴を持ち得たのはわずか1万1千年前のことだ。経験や英知は『昨日までの世界』の方が豊富な備蓄がある。高度な技術を使わなくても問題が解決できた時代の方が圧倒的に長かったわけだ」（二〇一七年一一月二八日）

さらに、ダイアモンドは、自著『昨日までの世界』で、工業化した地域におけるいくつかの利点と、それらの地域が抱える問題点、「伝統的社会」のもつ可能性について、こう書いている。

「そのごく一部の社会が世界を支配するにいたったのは、すべてにおいて優れていたからではなく、いくつかの特定の理由のおかげである。生産性が高く、栽培しやすい野生植物や飼育しやすい野生動物が存在する地域にいあわせたおかげで、早くから農業を発展させることができ、そのおかげで技術的にも、政治的にも、軍事的にも優位に立てたからである。しかし、こうした際立った強みがあったにもかかわらず、現代工業化社会は、子育てや高齢者の処遇、紛争解決、非感染性疾患の回避、その他の社会問題に対する優れた取り組みを確立させることはできなかった。数千も存在する伝統的社会は、こうした問題に対して、さまざまで広範囲にわたる対応をつくりあげている」（下巻、三六二〜三六三ページ）

モハベ族の社会では、砂漠という自然環境を熟知し、味方につける術（すべ）を身につけている女性がもっとも強く、リーダーにむいているといわれている。多数決がものをいう世界ではない。少数であっても、大地と先祖のつながりを尊び、あきらめずに粘り抜けば、大きなうねりを巻き起こすことができる。人数が多くても、文明の利器の象徴である殺戮（さつりく）兵器を所有していても、自然の摂理に反すると生き残れない。バラックマンは言葉をついでいった。

「白人たちは、ゆがんだ正義感をもって先住民を弾圧して、自然を破壊してきた。先祖たちは、無慈悲な白人たちが自分たちを虐待したあとに、これから、この大地で、どんな社会をつくり、どんな人間を育てどんな未来を生きるのか、そのことを危惧していた」

加害者の将来を心配するやさしさ。そこには、やがては共生していくために、人間は変わっていけるのだ、という希望と強い信念がある。

生き延びた人たち

「先住民は暴力的に命や土地を奪われた。だから自分たちは最後まで非暴力を貫き通す。先住民は人口も少ないし、抵抗運動も地味だから、忘れられがちだ。絶滅した民と思われることがある。だが、いまもこの国に暮らす先住民の数が、アメリカ史の影である虐殺と同化政策を生き残り、大地を守っている人の数をあらわしている。全人口における割合で示される数字ではなく、我々の歴史と果たしてきた役割を理解して語られるべきだ」

バラックマンは、先住民はアメリカ社会の底辺にいて、「移民の国」の土台を大事に支えてきたと語った。虐殺を乗り越えて、白人に報復するのではなく、砂漠のように柔軟な心で自分たちの過去とむき合い、暴力の連鎖を食い止めてきた。

一八五九年、バラックマンの祖父の時代に、モハベ族はアメリカ陸軍中佐、ウィリアム・ホフマンの一隊に制圧されて、自由を奪われ、居留地に閉じ込められた。一九一八年生まれのバラックマンは、成長する過程で、アメリカ軍に家族を虐殺された世代のトラウマを、目の当たりにしてきた。

彼の幼い頃の記憶のなかの居留地は、つねに軍隊の監視下におかれ、外にでることも許されていなかった。生活に必要なものは不十分で、仕事もなく、すでにアルコール依存症は深刻な状況で、人びとは失望感に打ちひしがれていた。

バラックマン自身には、両親と暮らした記憶はほとんどない。彼の両親は、一九世紀からはじまった連邦政府主導の同化政策が横行するなかで、子どもの頃に居留地から離れた寄宿学校に連れて行かれた。そこでは、白人のようになるべく、軍隊式の教育を受け、部族の言語や伝統を奪われただけでなく、虐待の被害にも遭っていて、ひどいトラウマを抱えていた。部族社会にもどっても、家族との関わりは薄く、両親はふたりとも、バラックマンが物心つくころから不在がちだった。

母親代わりとなった祖母から、バラックマンは伝統文化やモハベ語を教わった。しかし、小学校にあがると、カリフォルニア州のニードルスにあったインディアン寄宿学校に強制的に送られた。そこで彼も部族の伝統文化や言葉を捨て、白人のように生きることを強要された。

彼が子どもの頃、全米各地で、先住民の子どもたちが拉致され、インディアン寄宿学校に連れて行かれて、部族社会から引き離された。そこでは、白人社会に適応させるべく全寮制のスパルタ教育を受けさせられた。

「それでも、白人はわたしから言語だけは奪えなかった。どれだけ殴られても、言語だけは死守しようと耐えてきた。モハベの言葉は人間とだけでなく、大地や自然ともつながれる。砂漠では、大地に根ざした人が、魂から発する言葉とともに放つエネルギーで、信頼関係がうまれる。その人の外見や役割、地位や財産を見て、付き合うわけではない」

絶滅しない民

「偉大な人間は、自分の実の子どもではない子たちも育てている。お前も東京でマカフタハンになれよ。その子を育てなさい。長い闘いになるかもしれない」

二〇一五年春、東京の自宅で、親戚の娘を預かることになったとき、マイケル・ソーシがわたしたち夫婦にいった言葉だ。「マカフタハン」とはモハベの理想の姿、本物のモハベという意味がある。

ちょうどその娘は反抗期の女子高生で、子育ての経験のないわたしたち夫婦は、てんてこまいの状況だった。手に負えないときによく、居留地に暮らすソーシに電話をかけた。そのたびに、

「砂漠での恩は、必ず若い世代に返しなさい」

といわれた。居留地では身内や友人の子どもを育てることはよくあることだ。昔から、モハベは砂漠で迷子になった白人の子どもを見つけたら、引き取って家族の一員として育てた。助

けた命がそのあと砂漠を守る民になるか、破壊する民になるのかはわからない。先祖を殺した白人の子孫であっても、砂漠で出会う命は貴重だから、助けず見殺しにすることはできない。

ソーシに電話するたびに、わたしの頭のなかで砂漠と、東京の拙宅がリンクした。彼はことあるごとに、バラックマンが、居留地で八人の子どもを育てたことに触れ、励ましてくれた。

八人のいずれもが、バラックマンの実子ではない。事情があって、両親と離れ離れになった、モハベ族の子どもたちだ。これまで、わたしはその八人のうち六人に会うことができた。その「子どもたち」は、居留地で、祖父母、曽祖父母の世代になり、若者たちを見守っている。

「自分より前の世代は、居留地から出れば銃殺され、自由はなかった。自分の世代も政府の抑制が強くて、『マカフタハン』として生きられなかった。だから、つぎの世代が無理でも、そのつぎの世代には、正真正銘のモハベとして生きてほしい。たしかに、血は水よりも濃いが、砂漠では水がなければ生きてはいけない。人間は大地に惹きつけられて、つながっていき、生活の基盤をつくる」

と生前バラックマンは、子どもたちに自分の夢と部族の将来を託していた。

砂漠の友

「卵を割ったときに、殻のかけらが白身に落ちることがある。割ってすぐに、殻をちかづければ、そのかけらはひっついてくる。だが、時間が経てば、かけらは殻にもどろうとしない。壊れてしまった人間関係を元どおりにしたければ、すぐに歩み寄ることだ」

砂嵐が遠くで舞い、ところどころで竜巻がたっている、雄大な景色がひろがるモハベ砂漠で、マイケル・ソーシはそう力説した。砂漠の人間関係は尊い。乾燥した大地では、一分一秒が命に関わってくる。彼はこうもいった。

「大事な決断を下すときに、『本当にそれでいいのか？』と親友ヅラしてたずねてくる奴を信じるな」

モハベ族の砂漠では、人間の本性がすぐに見透かされるそうだ。そして、こうつづけた。

「もしも、その選択がその人にとっていい選択でない、と少しでも疑うのなら、なんとしてでもやめさせないといけない。友だちをよい方向に導くのが本物の親友だ。逆に一％の可能性でもそれを信じて伸ばそうとするのが、一生の友だ。『本当にそれでいいのか』と軽く警告して、友人としての役目をまっとうした気分になっている奴ほど、人の可能性を潰しかねない」

また、わたしが東京で無職になり、仕事を探していた三〇代半ばの頃、「もう少し早くいってくれれば、助けてあげられたのに」とやさしい声をかけてくれる人にたくさん出会った。気弱になっている自分には、あたかも、知らせなかったこちらにこそ責任があるようないい方にきこえることがあった。

ソーシは、砂漠での人助けは、助ける側ではなく、助けが必要な人の都合に合わせなくてはいけないと強調した。

「『もう少し早ければ』というのは、実際にはなんの役にもたたない輩が、善人ぶっているときに使う言葉で、打ち明けられるまで相手の窮状を理解しようとしない、最初からなにもする気がない人間の常套句だ。砂漠では、そんなカッコつけている暇があったら、早く何かやれ、というのが鉄則だ」

4　迫害される人たち

外から来るもの

メキシコ国境からクルマでおよそ二時間の砂漠地帯にある、マイケル・ソーシが住んでいたコロラド・リバー・インディアン部族居留地は、ドラッグ密輸の経路となっている。部族政府のウェブサイトによれば、部族の人口は四二七七人、居留地の面積は約三〇万エーカー（東京都の半分以上）のひろさを誇る。しかしソーシは、午前九時から午後五時まで、たった二台のパトカーで居留地全体をカバーする警備の手薄さを問題視していた。

五時以降は、よほどの重大事件で、それも被害者が白人でないと、ＦＢＩ（連邦捜査局）はすぐにはやってこない。そのため、部族のギャングたちによって、ドラッグを北上させるための中継基地がつくられた。一度麻薬に手をだした人が売人となり、販売網をひろげるので、蔓延するのに歯止めがきかない。

二〇〇〇年代からは、ヘロインやコカインよりも安価で、依存性が強いメス（メタンフェタミン）の脅威が、モハベ族だけでなく、全米の居留地を襲うようになる。

二〇一四年にアメリカ保健福祉省薬物乱用・精神衛生サービス局が発表した統計では、先住民の一二・三％が、ドラッグを使用していて、二三・五％が過度の飲酒の問題を抱えているという。

非営利団体であるピュー慈善信託（Pew Charitable Trusts）によると、先住民はほかの人種とくらべて、アルコールとドラッグに依存する可能性が少なくとも二倍高い。関連死に至っては三倍の高さだ。これらの数字は居留地の外に暮らす先住民もふくんでいるため、居留地の先住民だけで見ると、彼らが直面する問題がもっとひどいことは、容易に想像できる。

モハベ族では、口にだしてはいけない場所が存在することはすでに書いた。どの部族にも、文化的になんらかの意味があり、人が近寄らない場所や、話題にすらできない場所がある。そんな居留地のなかの「聖地」で、ドラッグの工場を建設すれば、そのすべてが部族のタブーの一部になり、部外者に気づかれることはない。

また、ドラッグが蔓延する大きな理由のひとつに、部族員に配られる分配金がある。多くの部族は、いま流行の観光業やカジノ、天然資源などによる、居留地での経済開発であがる収益の一部を、部族員に分配している（詳細は第V章）。これまで調査したところでは、その額は年間数万円から数億円と産業の規模や居留地の立地、部族の人口によって大きなちがいがある。分配金や居留地のにわか景気に目をつけたのが、米国内やメキシコなどのギャングたちだ。

彼らは部族の女性と交際して居留地に入り込み、部族員の分配金を狙い、ドラッグをひろめ、流通ネットワークだけでなく、製造拠点を築き上げた。居留地の経済・社会状況とドラッグの蔓延は深く関連している。

女性への暴力

アメリカ国内での、先住民女性への暴力も熾烈（しれつ）だ。二〇〇七年にアムネスティ・インターナショナルが発行した報告書によれば、三四・一％もの先住民女性が、生涯のうちでレイプの被害に遭っている。およそ三人にひとりの割合だ。

白人女性の場合、レイプした加害者は白人男性が半数以上を占める。その割合は六五・一％。おなじように、アフリカ系アメリカ人（黒人）の女性の場合も、加害者は黒人男性が八九・八

％を占めていて、同じ人種による被害が圧倒的に大多数だ。

しかし先住民女性をレイプした男性が、先住民以外の人種である割合は八六％と極めて高い。そして、先住民女性の約半数が、レイプの被害に遭ったときに、性暴力に加え、身体的な暴行を受けている。ちなみに、ほかの人種の女性の場合は、身体的暴行を受ける被害者は三〇％と報告されている。

また、すでに述べたように、居留地で起こる犯罪の特徴として、被害者が先住民だった場合、警察が動かない。だから犯人は検挙されず、先住民は暴行魔がいる日常のなかで、トラウマを抱えたまま暮らすことになる。

さらに、二〇一七年のアメリカ疾病管理予防センターのウェブに掲載された、エミコ・ペトロスキーらの研究結果によると、二〇〇三年から二〇一四年までのあいだに、二四〇人の先住民女性が殺人事件の被害者になった。これを一〇万人あたりに換算すると、四・三人が犠牲になっている。先住民女性は黒人（四・四人）とともに、殺人事件の被害者になる割合が極めて高いことをあらわしている。この報告では、加害者の四三・八％が親密な交際相手であり、その内訳は、八一・五％が現在の交際相手で、一二％が元交際相手であるという。

二〇一二年のアメリカ司法省の発表によれば、アメリカ国内には、先住民女性が殺人事件の被害者になる割合が、全米平均の一〇倍にもなる居留地が複数あるという。また、ＣＮＮのサイト（二〇一九年四月九日）では、国立犯罪情報センターの発表を引用して、二〇一六年だけで、五七一二人の先住民女性が、行方不明になっていると報じている。もっとも、報告されない事件も多く、実情がもっとひどいのは明らかだ。

ルエリン・バラックマンの妻、ベティ・バラックマンは、居留地にやってくる部外者には、ふた通りあると話していた。ひとつは、自分の知識や能力を活かすために、居留地に来る人。弁護士やエンジニア、教員や会計士など、実社会での経験がある人たちだ。もうひとつは、一般的なアメリカ社会で居場所がない人たちだ。

彼女は、つねにモハベ族の将来を案じていた。

「居留地に悪い文化をもち込むのは、昔から、外からやってくる人たちだ。砂漠はいろんな人を魅了する。モハベ族には砂漠に来た人をあたたかくもてなす伝統があるが、どんな人が、どんな目的で居留地に来るかによって、部族の将来は変わってしまう」

マリエッタ・パッチの弟で、部族政府の職員のデニス・パッチはこう話した。

「部族には、伝統文化を活かして、教育を受けて成功する人もいる。その一方でとくに若い世代は外の世界からの悪い影響を受けやすく、課題は多い」

昔から先住民の男性に対するステレオタイプのイメージは、「酔っ払い」だった。それでも、白人が「新大陸」に渡り、西へと領土をひろげていく途中で、敵対する先住民にアルコールを飲ませ、酔わせて無抵抗にして略奪の限りを尽くした、植民地主義の凄惨な歴史について認識している人は、一般的には少数派だ。

先住民女性のステレオタイプは、「子だくさん」だ。この背景には生活保護で多数の子どもを育てているという偏見がある。黒人女性にたいしても、同様の誤ったステレオタイプがある。マリエッタ・パッチによれば、モハベ族には、長年培ってきた砂漠での伝統的な生き方や価値観、言語や文化を捨てさせられた歴史がある。それは過去のことではなく、現在も自分たちの文化を反映しない、白人の価値観が支配的な世のなかで生活せざるを得ない状況に追いやられていることを意味する。

虐殺の記憶や人種差別、寄宿学校での暴力など、歴史的なトラウマを抱え、アルコールやドラッグに依存し、家庭内で女性や子どもに虐待を加える父親は少なくない。居留地には、虐待を逃れ居留地の外のシェルターに逃げた人や刑務所に収監されていた人たちが、もどってきて共同で暮らす「モーチェム」と呼ばれる地域がある。もともとは四六軒のトレーラーハウス（移動式の住居）を集めた家族向けの住宅地だったところだ。

部族政府関係者でも全容を把握していないため、現在の家屋数および正確な住民の数はわか

モーチェムのトレーラーハウス

らない。モハベ族の女性に加え、メキシコ系の非合法移民の女性たちが多数移り住み、住人の数は三〇〇人以上ともいわれている。

マイケル・ソーシとともに、なんどかこの場所を訪れたのだが、クルマで家屋にちかづくと、放し飼いされた一〇匹以上の凶暴そうな犬がクルマに駆けつけてくるので、迂闊に降りて歩けない。

モーチェムのちかくの住宅地のなかに建つ、老朽化したトレーラーハウスでは、一〇人以上のメキシコ系移民労働者が生活していた。周辺住民の多くは、メキシコから仕事をもとめてやってきた移民労働者が占めているようだった。

ここ十数年で、モーチェムを中心に、女性のギャングが組織化され、メキシコのギャングとドラッグ売買を手がけ、近隣の市町村およびラスベガスにまで勢力をひろげつつある。また部族内に以前からある男性のギャング集団ともいがみあっているという。

マリエッタ・パッチは、女性ギャングの台頭をこう見ている。

「居留地人口の大半は、自分の世代だけでなく、曽祖父母の代から、アルコールやドラッグを濫用したり、女性に暴力を振るう男性を日々目の当たりにしてきた。だから、父親の理想像はなく、男性への嫌悪感は想像以上に強い。その反動で女性たちがギャングという形で立ち上がった。ほかに手段が見つけられなかったのは、悲しい」

部族政府に勤めていたデイビッド・ハーパーは居留地の諸問題について希望が見えないという。彼もあらゆる問題が世代を超えて継承されてきたことを指摘する。

「ドラッグやアルコールの依存症が原因で、自分よりも前の三世代がつづけて生活保護を受けてきていれば、家族のなかでその習慣を変えていこうという気概はうまれない。屈折した気持ちが、身近にいる弱者、女性や子どもを傷つける。居留地には、弱者を救うための手立てがない」

居留地の女性団体「モハベ老女の会」に所属するバイオラ・ストーンはこう嘆いた。

「窮状にある人たちのところへ、大量のドラッグがどんどんやってくる。常習者が売人になり、危険な組織と関わり、部族全体がさらなる闇にハマっていく」

現在、居留地内には、複数の女性ギャング組織があり、ときには抗争に発展しているという。

しかし、モハベ族の伝統では、女性のトラブルに男性が仲裁に入ることは望ましくない。部族政府の要職には、部族長や副部族長をはじめ男性が就く傾向にあるが、実質的に大地と伝統文化を守るのも、部族社会を動かすのも、女性の役割だ。伝統的に男性よりも地位が高いとされる女性のやっていることに、男性が口出しできない風習がある。

もしも、男性がその伝統を破り、女性同士の争いを取りなそうとして、万が一にも殴られた場合、その男性と一族は、タブーを破って、自滅した輩とみなされて、末代まで不名誉のレッテルを貼られる。リスクを恐れて、部族警察も関与できない。

ソーシは、部族の女性がおかれた状況についてこう話した。

「白人との接触以降、キリスト教を強引に押しつけられて、伝統的な価値観を否定された影響で、部族の中心を担う女性の役割を男性が奪い、さらに人権を蹂躙する、悪しき慣習が、ずっとはびこっている。居留地のなかで警察もあてにならず、弱者を守るシステムが確立されていなくて、男性の暴力から身を守るために、女性のギャングが組織された。この状況は部族の分断を招いていて、共同体を維持していくのは難しい」

5　帰ってきたモハベ

砂漠の教え

「刑務所からでてきたばかりの人間が、もう二度と塀のむこうにはもどらないと、偉そうに宣言しても、まるで説得力がないし、そんな言葉、誰の心にも響かない」

七年ぶりに塀の外にもどってきた、モハベ族のエリック（仮名）は、マグカップに満たした水をガブガブ飲みながら、ごく当たり前のことのように、そう話した。三週間前まで、彼の住居は高い塀と有刺鉄線と鉄格子に囲まれた刑務所だった。

久しぶりにエリックに会ったのは、彼がアリゾナ州の親戚の家に身を寄せていたときだった。ここで保護監察官と相談しながら、州外にでる許可を得て、今後の進路を決めるという。彼の親戚宅に滞在させてもらった三日目の朝、ピストルを腰につけ、防弾チョッキを身にまとった完全武装の女性保護監察官が面会に来ていた。彼は、かったるそうに相槌（あいづち）をうつだけだった。

彼を一時的に引き取っている親戚から「刑務所の癖が抜けず、一般社会で大人の男性と話した経験がほとんどないので、昔からよく知るふたりで、じっくり話し合ってほしい」と頼まれ、滞在中は明け方まで、ともに時間を過ごした。

喋り方は穏やかなのだが、闘争本能が全身を覆っているようで、威圧感がある。こちらに覆いかぶさるように、前かがみになって言葉をつづける。独特の殺気と迫力があり、全身からはネガティブなオーラが伝わってきた。

まだ塀の外の世界との距離を摑めていないようだ。どんな相手でも、つねに秒殺できる距離にいることを心がけている、とこともなげにいう。

「瞬きしたあとの一瞬に、何が起こるかわからないから」

闘争本能がどれだけ早く全開で放出されるかが、戦いに勝つカギなのだろう。

塀の外で、大人の男性と面とむかって話すのは久しぶり。どう距離をとったらいいのかわからないようだ。話していると、どんどん間合いをつめてくる。

「ちょっと離れてくれないか、ちかづきすぎだ」とわたし。

「あっ、すまない」

とエリック。なんどかこんなやりとりがあり、どんどん熱がこもってくる。

「秒殺するというのは、狩猟をしていた部族の伝統か？」ときくと、

「それもあるかもしれないが、狩猟の相手はつねに動物だけれども、人間界では相手はいつも人間だから、もっと汚い」

と返す。刑務所内の喧嘩には負けたことがないというのだが、これだけデカくて、機敏なら、敗北とは無縁だろう、と納得がいく。シャドー・ボクシングを見せてもらったが、まるで、格闘家のような動きだ。身長は約二メートル。中学生の頃から、アメフトの選手だった。筋肉は

プロレスラー並みだ。

「塀のなかはひどいところだっていうのは、そこにいる連中に申し訳ない。いまも鉄格子のむこうで誇り高く生きている人たちがいるんだ。あそこには二度ともどりたくないっていったら、なかにいる連中にあまりにも無礼だ。そんな酷いことはいえない」

視線がこちらの心の動きを見定めようとしている。一三歳の頃から、彼を知っているから、冷静さを装うことができた。それが、彼にとって「新鮮」のようだ。目の前にいるアジア人の男が、若い頃の自分と母親、そればかりか、曽祖父母も祖父母も知っている。そんなことは塀のなかではあり得ないのだから、どこか懐かしそうだった。

それでも、ときおり投げかける鋭い視線には、半殺しにされるのではないか、と思わせるほどの凄味があった。彼はずっと感情を押し殺して生きてきたのかもしれない。そのいっぽうで、なんとか立ち直り、あらたな人生を送りたいという気持ちもあるようだった。

「悪いことをした人間に、反省して、後悔して、反省して、後悔してというプロセスを繰りかえさせ、『もうしません』といわせたところで、本人にとってはたいした人生教訓にならない。それよりも、悪いことをしない人生を送っている人、刑務所とは無縁の人たちと一緒に暮らして、まじめに生きていける方法を実際に学ばせたほうがいい」

懲罰としての刑務所は意味がない、とする意見だ。話をきいている最中に、なんども彼は、

「人間は自由でないと、成長できない。自由でないと、学べない」とつぶやいた。一般社会から隔離するだけでは、問題の本質的な解決には結びつかないのだ。

塀のなかの先住民

「刑務所の待合室は、パウワウの会場みたいだった」

と冗談ともつかない言葉をよくきく。パウワウとは、たくさんの部族が集まるダンスのイベントだ。この言葉を発したポモ族の女性は、まだ三〇代後半。

「息子のルームメート（獄友）は、フーパ・バレー族で、これを編んでくれた」

そういって、彼女は、すこし地味な紺色で統一された、ビーズが縫い込められた、鹿革の巾着を見せてくれた。彼女の息子はドラッグがらみの強盗傷害事件を起こして、カリフォルニア州北部の、サン・クインティン刑務所に収監されている。まだ二〇代だが、五年以上塀のなかにいるらしい。出てくる予定はないそうだ。

ネズ・パース族で、カリフォルニア大学バークレー校の名誉教授、パトリシア・ヒルデンは、元囚人に大学教育を受けさせる活動をしていて、一時期、連邦刑務所に通っていた。その面会室は居留地からの訪問客、とくに年配者が多く、彼女も「まさに、パウワウのようだ」とため息まじりに発した。

先住民は刑務所に収監される割合が高いことで知られている。

二〇一七年に米国司法統計局のウェブに掲載された、トッド・ミントンらの調査結果によれば、一九九九年から二〇一四年のあいだに地域の刑務所における先住民の収監者数は五五〇〇人から一万四〇〇〇人に増えた。これは毎年平均して四・三％ずつ人数が増加していることを意味していて、ほかのすべての人種の平均一・四％を三倍以上も上回る。

さらに、二〇一五年四月二一日の「ウォール・ストリート・ジャーナル」は、過去五年間に連邦刑務所での先住民の収監者数が、二七％増加したと報じている。同紙によれば、先住民が人口の九％を占めるサウス・ダコタ州で、先住民が連邦裁判所の取り扱う訴訟の実に六〇％に関与しているという。

社会学者スティーブン・バーカンによれば、先住民の逮捕者数は、一〇万人中四二六八人で、黒人五三九三人についで多く、白人の二三八六人を大きく引き離している。

エリックは、先住民の収監率がもっと高い地域もあると断言する。

「警察はいつも白人より、先住民や有色人種を率先して逮捕しようとする。だから、捕まった人が悪人とは限らない。自分のいた建物には一二〇〇人の囚人がいて、そのうちのおおよそ六〇〇人が先住民だった。白人やラティーノとの混血も含めればもっといる。モハベ族はいなかった。おなじ先住民でも、ほかの部族とはかなり文化がちがっているのがわかって、それは衝撃だった。一番仲のよかった男は、アリゾナ州南部の部族出身だった」

ドラッグの売人

「信用できる仲買人を大事にし、信頼できる売人にだけ上物のドラッグを流す」

刑務所に収監される前、エリックはドラッグを大量に仕入れ、それを売人に売りさばいて生計をたてていた。彼の夢はドラッグで大金を稼ぎ、居留地にみんなが住める大きな家を建てて、仲間たち全員の面倒をずっと見ることだった。

エリックは、一〇代の頃から、交通事故に遭った親友の医療費を全額負担したり、元夫に虐待されたシングルマザーや失業者など、たくさんの人たちを助けてきた。だから、部族での評判は悪くなかった。その反面、居留地のドラッグ問題はここ一〇年悪化の一途をたどっている。危険な橋をわたってきたが、彼にはドラッグの売人としての逮捕歴はない。

「俺は天才だから。売人は天職だから」

とひときわ大きな声になった。「売った」という痕跡を事件現場に残さずに、商売をするだけ、と得意げだ。カリフォルニア州の刑務所に収監された経験に加え、ここ七年はアリゾナ州で刑期を務めていたので、悪いコネクションが増えた、となぜかうれしそうだ。

「先住民として、この世のなかで生きていれば、すべてが危険なことと隣り合わせだから。ドラッグを売ることを、とくに怖いと思ったことはない」

エリックは、大金を稼いでは部族の仲間と豪快に使う。稼いでは使うという日々を繰りかえして生きてきた。一般の労働者のように、地道に汗を流して糊口を凌ぐということはできない。売人の稼ぎは、一日平均三〇〇〇ドル、一週間で二万ドル以上稼いだこともあった。

それだけ稼ぐ秘訣は？

「嘘をつかない。人を裏切らない。常連客に誠意を尽くす」

と答えた。よい売人になるには、粗悪なものは取り扱えない。つねに、新鮮で、上質なものをもとめて旅をつづけた。ロサンゼルスのサウスセントラルからニューメキシコ州のアルバカーキやテキサス州のエルパソ、コロラド州のデンバーまで、一度にたくさん買えば、相手にとってもいい商売になる。あまりにも長時間、運転しつづけるので、疲れることはあっても、危険な目に遭ったことはない。

「ドラッグを売る仕事しか就いたことがないから、これからもそれしかできない」

砂漠の特権

「自分は先住民としてのプライドがあるから、白人に頼んで、早く自由にしてもらいたいなんて思わない。裁判のときとか、『何かいいたいことはないか』ってきかれる。そのたびに、『何もない』といってきた。白人がつくったくだらないシステムのなかに自分の正義はない。白人には、ちゃんとモハベとして生きてきた自分の声をきく資格はない」

彼は求刑どおり、クルマの窃盗と強盗未遂による、七年の刑期をまっとうして出所した。獄中で仮出所の申請はしなかった。誰にも媚びない、頼まない。孤独だ。

突然、彼は自分の生い立ちと「特権」について話しはじめた。それはテンポよく、リズミカルで、上半身をゆすりながら、迫力のある太い声で、ラップのように響いた。

刑務所よりも辛かったのは、少年院。
当時の俺は、まだ子ども、
肉体的にも、精神的にも未成年。
なのに、大人として扱われる。
それよりも、
もっと辛かったのが、
居留地の幼少期。
なんにもない砂漠で、
希望も何もなかったんだ。

それでも、俺には、生まれたときから、
特権があった。
ありもしない特権だ。
貧しい居留地に生まれて、いつも腹が減っていたこと、
灼熱の砂漠で育ったこと、
両親がそばにいなかったこと、
冬になると、隙間風だらけの掘っ立て小屋、
電気もない、暖房もない、
部屋のなかは、砂埃だらけ、
逃げだしたい気分。
そこで生まれ、育ったのが、
俺の特権だ。
みんなが生まれながらにもつ特権、
俺も特権と一緒に成長、
いき着いたのは、やばい刑務所、

居心地は、べつに悪くない、

だけど、仲間はひどいことした奴ばかり。

居留地で直面する困難を、自分を強くした「特権」といって感謝する。そういう彼のまわりに集まるのは、一〇代のシングルマザーたちばかりだった。その大半が教育を受ける機会も仕事もなかった。父親も夫もいない。頼れる男性はエリックだけだった。祖父母の世代から、ドラッグやアルコールの依存症。彼はおなじ環境のなかで、なんとかしなくてはと焦っていた。

エリックの母親も一六歳のときに彼を産んでシングルマザーになり、すぐにいなくなった。しばらくして帰ってきたが、ドラッグ依存症に陥っていた。交際相手のほぼ全員がドラッグの依存症で、彼女は傷害や虐待、家庭内暴力、あらゆる犯罪の被害者になった。彼の祖父母の暮らしもアルコールやドラッグ、疾病や事故つづきで、安定はしなかった。

七年前のある日、エリックは、愚かにも銀行強盗を企てた。親友を誘い、ふたりで、クルマを盗んだ。なぜか、すぐにパトカーに追われた。カーチェイスの果てに、砂漠でクルマを乗り捨て、渓谷の奥へ全速力で逃げた。警官に追いつかれ、銃口をむけられて、地面に倒された。

「もう、どうにでもしろと思った」

無線で応援要請を受けて、多数の警官がやってきた。

「あのときはすごかった。すごすぎて忘れられない。頭のうえが騒がしくなって、ヘリコプターまでやってきた。有名人になった気分だった」

あたかも刺激を楽しんでいるようだった。銀行強盗を思いたったのは、交通事故に巻き込まれて、大怪我を負った親友を援助したかったから。ただ、それだけの理由だった。

おなじときに捕まった、信じていた親友が、警察に何かを密告したようだった。親友は四年の刑で、主犯のエリックよりも三年早く出所した。

リーダーの血筋

「刑務所で、タトゥー（刺青）をいれなかった。きっと、居留地にもどって、もう一度、人生をやり直したいと思っていたのだろう」

エリックの親戚の女性は、彼が刑務所内で、ギャング団の所属を誇示する刺青をいれずに刑期を終えたことを誇りにしていた。彼は徒党を組むようなことはしなかった。刺青にもギャングにも興味はなく、刑務所の一匹オオカミだった。

塀のなかで生き抜くには、タイミングよく喧嘩する。相手をたたきのめす。が、殺さない。余計なことはいわない。まわりを尊重する。嘘はつかない。そのやり方で人を惹きつけてきた。人にたいして誠実でいることは、砂漠での祖母の生き方に学んだという。

エリックと一緒に時間を過ごした週末の夕方、ふたりで近所のスーパーに買い物にいった。雰囲気が一般社会に合わないせいか、とにかく目立つ。相撲取りとおなじくらい大きな身体をした、スキンヘッドの若者が目で挨拶をしてくる。飲みものを選んでいると、陳列棚の前の狭い通路を通り抜ける、かなり柄の悪そうな男たちが礼儀正しく「前を失礼します」と挨拶する。ガソリンスタンドでは、顔全面に刺青をいれた男が、なぜかピースサインを送ってくる。

刑務所のなかでは、「肌の色がちかいから」という理由で、ラティーノの仲間たちから大事にされていた。だから、彼らと敵対する刑務所内の黒人ギャングたちとの闘いに明け暮れたという。それでも、誰とでも一定の距離を保ち、自分の世界を守ってきた。

彼の先祖には、モハベ族の偉大なリーダーたちが名を連ねる。その直系にあたるので、昔から彼にかける部族の期待は大きかった。まだ一〇代になったばかりの頃から、将来は部族を背負ってたつリーダー（部族長）になれる器だ、とまで噂されていた。

「刑務所はそれほど悪いところではなかった。案外自分に合っていた。子どもの頃、食べるものがないときもあったから、三食ただで食えて、ありがたかった。難をいえば、おかずの量が少なかっただけ。刑務所の生活は、最初の日からすぐに慣れた。でも時折、砂漠が恋しかった。居留地にもどれるのならば、どんなことにも耐えられる。砂漠が自分を鍛えてくれたからだ。

刑務所のなかで感じる孤独も辛いが、風通しがいい砂漠で感じる孤独には、ちがう苦しさがあった。でも、どちらの場所にも、そこにしかない美しさがあった」

夕暮れどき、砂漠は一斉に静まりかえる。遠くから穏やかな風が吹き抜けていく。刑務所の高い塀に遮られながらも、彼は砂漠から流れてくる生あたたかい風を感じて、居留地の生活を想っていた。

塀のなかでは、目の前で人が死ぬのは、珍しいことではなかった。暴動はなんどもあった。そのたびに、数百人の囚人が駆けまわって、大騒ぎになる。参加者が一〇〇〇人におよぶ暴動も経験した。看守が一斉にライフル銃を構え、乱射してバッタバッタと囚人が撃ち殺される壮絶な騒ぎは、三回ほどあった。

刑務所に入ったばかりの頃は、暴動が起きれば、お祭り騒ぎで、楽しむ感覚だった。暴力をふるう側にまわって盛りあげた。けれども、出所前の数年間は、逃げ遅れたお年寄りを安全な場所に連れて行くのが先決だった。豪快に武勇伝を語るエリックの目を見ながら、わたしはどうしても、彼に伝えなければならないことを、ゆっくりと話した。

「君の曽祖父母や祖父母、大叔母には、大変お世話になった。君のお母さんは、わたしとおなじ歳で、昔からいろいろな話をしてきた。彼女がドラッグ矯正施設にいくときも、見送った。帰ってきたあとも、時間をともにしてきた。君の祖父母とは、君がまだ一〇代の頃、ずっと友人でいよう、という約束をしている。だから、これからも気軽に会える仲でいたい」

エリックは黙ってじっとこちらの目を窺っていた。まだ二〇代後半。でも、少年院と刑務所に入っていた時間は、合わせるとおよそ一五年になる。一〇代になったばかりの頃から、ドラッグ売買の仕事一筋。ということは、わたしがはじめて出会った一三歳のときには、あどけない面差しの彼には、すでにべつの顔があったわけだ。

彼は一四歳のときに、少年院に送られたが、これがはじめての入院ではなかった。はっきりとは書けないが、報復目的の傷害事件「仲間のための犯罪」で逮捕されたのだった。ただ、彼自身は、筋を通すために、正しいことをしてきた、と思っているようだ。

最後に、トランプ政権下になってから、暮らしに何か変化があったのか、きいてみた。

「刑務所には、メキシコ人がたくさんいた。だから、トランプがつくろうとしている壁は噂になっていた。居留地にも刑務所にも、いろいろな『壁』がある。どこにいても、自分のもつちいさな自由を、できる限り大きくするために、みんなもがいていた。刑務所のなかにいたからよくわかるのだが、壁や鉄格子では、人のつながりは遮断できない。悪いことをする人間は、その場その場でよく動ける人間を使う。壁はそれまで見えていたものをすべて見えなくしてしまう。だから、壁ができると裏社会の活動が活発になるだろう」

わたしが出発する日も朝まで話し合った。別れ際、「またすぐに会おう」といって握手をした。彼はすこし照れたような笑みを見せて、「話をきいてくれて、ありがとう」とちいさな声で返した。

「また、すぐに砂漠に君を訪ねていくよ。君の家も親戚の家もよく知っているから。でも、自由な身で待っていてほしい」とわたしはいった。

彼の出所から半年が過ぎた。二〇一九年二月、彼は砂漠にもどって、居留地で祖母の身の回りの手伝いをしながら、安全に暮らしているという話をきいた。仕事を探しているが、彼の経歴では、それを見つけるのは難しいようだ。

それから四ヶ月ほどして、彼が大きな問題に巻き込まれたことを、彼の大叔母からの電話で知った。彼女は悲しそうにこうつぶやいた。

「まだ仮釈放中の身なので、ふたたび遠くへいってしまうかもしれない。どうして自分の過ちから学べないのか」

二〇〇六年、亡くなる二ヶ月前にルエリン・バラックマンと会ったときに、彼は何かを確信したような口調でいった。

「モハベ族の先祖が生きた砂漠に君は足を踏み入れた。だから、君は一生モハベ族に関わるだろう。モハベからは、ぜったいに逃げられない人生だよ」

その翌年、夫のあとを追うように、バラックマンの妻で、伝統的なビーズ刺繍の工芸家だったベティが病死。そのすこし前に、彼女はわたしにこういった。

「我々の世代がこの世からいなくなっても、必ずつぎの世代の若いモハベがあなたを砂漠に案内するから、ずっと部族と関わっていなさい」

もしかすると、エリックがその若いモハベなのかもしれない。これから長いつき合いがはじまるような気がする。

第II章 フェイクな「アメリカ」——「移民の国」のつくられ方

ネズ・パース族の
ジョサイア・ブラックイーグル・ピンカム

1　真実をもとめて

本当の被害

「『アメリカをもう一度偉大な国に』。トランプ大統領が叫ぶ。本当にこの国が偉大なときなどあったのだろうか。それすらフェイクのような気がする。でも、もしもこの国が偉大であったならば、それは先住民からいろいろなものを奪い取ったからだ。先住民からどれだけのものを奪ったのか、その『事実』すら、白人の都合で、フェイクなかたちでしか、伝えられてこなかった」

エリカ・カーソン（レッドウッド・バレー・ランチェリア・オブ・ポモ族）

カーソンは部族の長老から、カリフォルニア州北部、ポモ族の生活圏であるレイク郡ができた由来について、コヨーテと深い関わりがあるときかされてきた。

「日照りがつづいていて、すべての水をコヨーテが飲み干した。そこへ人間がやってきて、コヨーテのお腹（なか）を突くと、たくさんの水がでてきて、レイク郡が誕生した」

エリカ・カーソン

腹の皮を突き破られて、外にでてきたコヨーテの腹水によってつくられたレイク郡には、ポモ族に貴重な水源として尊ばれてきた、クリアー湖(Clear Lake)がある。これがレイク郡の名称の由来になったといわれている。もともとこの湖の真んなかに、ぽっかりと浮かぶ小島は、周辺に住むポモ族が神聖な儀式をおこなう場所だった。

一八五〇年五月一五日、この島に集まって儀式をしていたポモ族の人たちがアメリカ陸軍によって大量に殺戮された、「血に染まった島の虐殺」(Bloody Island Massacre)が起こった。被害者の数は六〇人から四〇〇人以上と伝えられ、正確な数はわかっていない。

四方を水に囲まれた逃げ場のない小島で、先住民たちは無残にも虐殺された。クリアー湖のちかくに居留地のあるピノルビル・ポモ族の副部族長アンジェラ・ウィリアムスは、涙目になってこういう。

「被害者の数は、きいたところではおおまかな数字はあがっているが、幅がありすぎて、いったい何人が殺されたのか、全容はわからない。被害者の数がどうであろうと、部族にとっては、神聖な儀式の最中に、無慈悲にも先祖たちが虐殺されたことに変わりはない」

カーソンの先祖の家族は、この虐殺の被害者に名を連ねている。彼女の直系の家族は、それ以降も、差別や暴力と隣り合わせの日々を生き抜いてきた。

「祖母は一九世紀からはじまる同化政策の一環で建てられた、カリフォルニア州リバーサイドのインディアン寄宿学校に連れて行かれた。そこで、白人のように生きることを強制され、部族の伝統文化や言語を奪われた。だから、母も部族の言語を知らない。先住民は虐殺の被害に遭った先祖の言葉で、悲劇を語り継ぐ術を奪われた。だから、被害者の数は、加害者の白人が記録してきたものに過ぎない」

最近カーソンは、小学四年生の長男、ヨーショ（ポモ語で鮭の意味がある）が通う学校の六三歳の白人の教員と、部族の歴史について話す機会があった。白人が来る前の先住民の歴史について述べると、「それでは、それを証明してみてはどうか」と、冷ややかだった。

「自分たちには代々語り継がれてきたストーリーがあるが、それを証明してみろといわれると、そのストーリーを語る以外に方法がなくて、何も信じてもらえない」

とカーソンは悔しそうな声になった。居留地のすぐ隣町でも、先住民の存在を否定する動きがある。ここでも、白人が記したものがすべてなのだ。自分たちが書いてきたものは正確だが、先住民が口承してきたものに関しては、いっさい信憑性がないということのようだ。

部族の歴史は口承だけでなく、先祖が残した伝統工芸品によっても伝えられてきたとカーソンは主張する。

「工芸品は人に見せたり、売ることが目的ではない。我々がつくるバスケット（籠）には、つくった人の思いや、その家族の物語が込められていて、歴史を記録するレコーダーのような役目もある。工芸品は部族の百科事典のように扱われ、家族で大切に受け継がれてきた」

ものをつくる過程では、つくり手が語りかけるストーリーが重要な役割を果たす。たとえば、新生児のための背負い籠（ベイビー・キャリアー）は、平和な気持ちでつぎの世代のために、やさしく物語を語りながら、柳の枝を使って編み込んでいく。そうすれば、籠のなかにはつねに心地よい旋律がこだまし、そのなかで眠る赤ん坊は、いい夢を見ながら、健やかに成長することができる。だからつくり手の気分が安らいでいるときにしか、この作業はできないそうだ。

おなじようにカナダのアルバータ大学の教員、クリー族のドロシー・サンダーは、工芸品の作製は心の癒しにつながる、とビーズの刺繍を例に説明する。

「ビーズ細工は美しい模様を装飾するだけでなく、指先から身体全体の筋肉をほぐしてリラッ

ミシェル・ラヘージャ（左）と娘たち

クスさせて、自分の魂を潤わせる効果がある。精神に癒しをあたえながら、あたたかい気持ちで物語を込めてビーズを縫い合わせていく」

　そんな先祖の思いが投影された工芸品の多くは略奪されて、誰もストーリーを語れないまま、いまも大学や研究機関、大都市にある博物館などに所蔵されている。言葉だけではなく、歴史を伝える「教科書」も奪われてしまった。カーソンは訴えかけるようにこう話した。

「この国には、血なまぐさい真実と、血なまぐさい土地がある。先住民のことを話すと、過去のことだから、克服せよといわれる。だが、先住民からすれば、白人たちのほうこそ、我々の歴史と現在の存在を認め、それを尊重してほしい」

　前章で紹介したセネカ族出身の文学者、ミシェル・ラヘージャは、先住民が文字で記録してこなかったことが悪いのではないと主張する。超人的な記憶力と自然との関係性によって、先住民は歴史を伝承してきた。連邦政府の暴力的な同化政策によって、言語は奪われ、部族の共同体が破壊された。

「文化を継承させないように、虐殺や弾圧の記憶を語り継がせないように、と先住民は強要されてきた。その構図は白人がこの大陸に来てから、今日までずっと変わっていない。侵略した側と侵略された側が、抑圧する側と抑圧される側というおなじ構図を引き継ぎながら、ひとつの国家に暮らしつづけるというのが、いまも先住民が経験している植民地主義の現実だ」

先住民は、部族の伝統が息づく部族社会と、自分たちの歴史と存在を否定されるアメリカ社会、このふたつの世界に生きている。

フェイクなヒーロー

「二〇世紀初頭まで、先住民を殺して、その体の一部を軍隊にもっていけば、報酬をもらえた。絶滅を期待されていた先住民の多くは、奴隷にすらなれなかったのだ。その残酷な歴史の名残が、いまも人種差別という偏見として残っている。どれだけの先住民が殺されたことか。その歴史的事実はひとつずつ明らかにされなくてはならない。ところが、虐殺した事実にたいするきちんとした反省はなされていない」

アンジェラ・ウィリアムス

とアンジェラ・ウィリアムスは厳しい表情で嘆いた。

その一方で、カリフォルニア州では、一八四八年からはじまるゴールドラッシュの時代に、一攫千金を狙う白人開拓者たちが押し寄せてきた。強欲な彼らは、辛くも虐殺を逃れたポモ族をはじめとする先住民を奴隷にして、金鉱での過酷な労働に駆りたてた歴史がある。

しかし、ポモ族の居留地ちかくのユカイヤの中学校では、そのことを教えない。しかも、先住民を虐殺し、奴隷として酷使し、女性を性的に虐待した、極悪非道の白人侵略者、アンドリュー・ケルシー（Andrew Kelsey）の名前は、名誉ある開拓者として語り継がれている。それはレイク郡内の町、ケルシービル（Kelseyville）に、その名を留めていることからもよくわかる。そのような歴史を背負った町に、いまもたくさんのポモ族の人たちが暮らしている。

「どうして、そんな残酷な侵略者の名前をポモ族が生きる大地に残せるのか。先住民をたくさん殺せば、白人は英雄になれるのだろうが、先住民にしてみればただの殺人鬼だ。この地に古くから住む先住民の気持ちになって、歴史は受け継がれていない」

カーソンの声は怒りを帯びていた。先住民の意識と、侵略者の子孫にあたる白人住民の意識はまったくちがう。ユカイヤに二五年間も住んでいる小学校の教員は、町のすぐ外に住む先住民族の存在すら知らなかった。彼のような隣人は珍しくない。

「その人たちは、先住民のことを知ろうとしないのではなくて、知らなくてもいい人生を歩んできているのだ」

虐殺や差別という言葉だけをきいても、歴史のなかの出来事で、現在とは関係ないと思われがちだ。しかし、現在は過去の延長にある。それでも、隣人として一緒に地域社会をつくっていかなくてはならない。

ホロコーストの事実を否定する論客たちと厳しく対峙(たいじ)するアメリカの歴史学者デボラ・E・リップシュタットは、「朝日新聞」(二〇一七年一一月二八日)のインタビューで、論争相手である英国人の歴史学者、デイビッド・アービングらについてこう述べている。

「ヒトラーの風評を変えようとしたアービング氏ら否定者は歴史に関心を寄せたいのではなく、現在を変えたいのです。彼らがやろうとしているのは、歴史を改めて違う形にすることで、いまと未来を変えようとしているのです」

一九九六年にリップシュタットは、ホロコーストを否定するアービングから名誉毀損で訴えられ、その後の裁判で勝訴した。アービングの著作について彼女はこう述べている。

「裁判にあたり、私たちは、彼が書いた著作の脚注をたどり、出典を精査しました。すると、彼はわざと間違って引用したり、半分だけ引用したり、事件の発生の順番を入れ替えたり、ドイツ語の原文をあえて間違った英語に訳したりして、結論を彼らの都合のよい方向にもっていっていました。出典の情報を少しずつ変えていく彼の戦術は、とても巧妙で、ふつうの人は信じてしまいます」（「朝日新聞」二〇一七年一一月二八日）

先住民に関する歴史的な証言や、資料の大半は、侵略した側の白人が記録したものなので、その信憑性ははなはだ怪しい。白人が来る前の、北米大陸の先住民の人口さえも判明していない。だから、どれほどの規模の虐殺が起きたのか、それを解明するのは難しい。

虐殺がなかった、もしくは公正な取引のもとで、先住民から土地を買ったと主張する人たちは、歴史的事実を「修正」することだけに興味があるのではなく、現在の先住民のもつ諸権利の剝奪にも興味があるのだろう。暗い過去をあらたな歴史観で塗り替えることは、その国の過去だけでなく、未来をも変えてしまう。

2 フェイク・ニュース

心と身体

「真実には人を癒す力があるが、嘘の情報は人に不幸を植えつける。トランプが発するフェイク・ニュースの類いは、誤った情報をあたえるだけでなく、嘘や偽りという深い傷を、伝える人ときいた人、その両方の心に残してしまう」

ユーツ族の伝統的なヒーラー（呪術師）であるフォレスト・カッチは、大統領が発するフェイクな情報が人びとにおよぼす後遺症を懸念している。意図的にフェイクな情報を発信すれば、送信する側もそれを受け取る側も、双方が心と身体に大きな傷を負う。それは歴史のなかで先住民が経験してきたことだ、とカッチは心配そうな声になった。

「金儲け（かねもう）けと権力の維持にしか興味がなく、フェイクを連発するトランプの心が荒（すさ）んでいるのは明らかだ。彼は先祖から受け継いだひどいトラウマを背負っているのだろう」

たしかに、ドイツからアメリカに渡ったトランプの父方の祖父は、一攫千金を狙って、開拓者相手に売春などのビジネスをしてきた。だから、カッチは「トランプの一族は、移民として裸一貫でのし上がっていく過程で、人を搾取しすぎて、心で感じることと、頭で考えることが離れてしまい、バランスを失ってしまったのだ」と確信をこめた声でいった。

カッチは、トランプ政権の誕生や右傾化していく社会は、人間のもつ魂の深い闇を象徴していると語気を強めた。

「自分さえ稼げればいいという人や、そんな考えの政治家に熱狂する人たちも心に深い傷を負っている。トランプの暴言を信じて投票した市民たちも、先祖代々、先住民を殺すように命令されたり、資本家に酷使されたりして、もがき苦しみ、深刻なトラウマを抱えている。心がお金にコロナイズ（植民地化）されて、お金以外に自分や家族を救う方法を見つけ出すことができない人たちの魂を癒すのには、長い時間がかかるが不可能ではない」

日本の安倍晋三首相は相変わらずトランプに迎合して、二〇一九年二月に、ノーベル平和賞受賞のための推薦文まで書いていたことが話題になった（「朝日新聞」二〇一九年二月一七日）。米国追従による日米蜜月関係のアピールに余念がない彼も、大物政治家一家に生まれ、先祖代々のトラウマに苦しみ、癒しが必要なのだろうか。仮に、そうであったとしても、一国の長としてあまりにも見苦しい。

「ゴキブリ」族

権威のあるニュースサイトであっても、トランプの自己保身のために、「フェイク」という烙印が押されてしまう。政治評論家のブライアン・ステルターによれば、トランプは大統領就任後一年で四〇〇回以上にわたって、「フェイク」という言葉を発している（CNN　二〇一八年一月一七日）。

もはや、どれが本当の情報なのか。目や耳を疑うことばかりのアメリカだが、フェイク・ニュースの起源は、建国前、白人侵略者たちが記した、先住民に関する報告からはじまった、とマリエッタ・パッチは考えている。

「トランプの発言は、ありもしないことを正当化して、それをきいたまわりの人たちによって語り継がれてしまう危険がある。先住民にとって、アメリカ史はまさにフェイク・ヒストリーで、先住民がどう見られたか、先住民がどのような発言をしたか、些細な先住民の記録も白人の視点で語られてきた。しかし、その発言を確認する方法は、いまはもうない。誰がどんな意図で、虚構の発言をつくったか、それはもうわからない」

モハベ族には、敵対する部族を「ゴキブリ」という隠語で呼ぶ習慣がある。昔この言葉をきいた白人の文化人類学者が、モハベ族と確執のある部族の名前と勘違いして、その部族の正式名を、モハベ語の「ゴキブリ」族にしてしまい、そのまま現在に至っている。それだからいまもモハベ族では、その部族の人と結婚すると「ゴキブリ家族の一員」とみなされる。

悪気があるフェイク・ニュース同様に、この手の稚拙なミスがたくさんある、とパッチは嘆く。仮に先住民がまちがいを指摘しても、反抗的な態度とみなされる。

「本来ならば正さなくてはならないことでも、白人が一度信じ込んでしまえば、こちらがどれだけ訂正を要請しても、きく耳をもってもらえない。先住民に関しては、思いちがい、勘違い、まちがいの類いは多々ある。それが活字になって歴史の教科書に載ると、権威づけられてしまい、あともどりできなくなる。それをこんどは先住民の子どもたちが読んで信じ込み、つぎの世代に伝える。こうして、部族の歴史は、白人がつくったものにすり替えられてしまう」

3　いったのか、いわなかったのか

打ちのめされたリーダーの言葉

「わたしは永遠に、もうこれ以上、戦わない（I will fight no more forever）」

一八七七年にネズ・パース族のリーダー、チーフ・ジョセフ（一八四〇〜一九〇四）が、モンタナ州で繰りひろげられた、「ベアー・パウの戦い」で、政府軍に降伏したときにネズ・パース語で発したスピーチの一節だ。

ニューメキシコ州のオケ・オウェンゲ族の居留地に住むジョアン・カレンを訪ねたとき、これからどこの部族にむかうのか、ときかれて、「ネズ・パース族の居留地」と答えると、彼女は、チーフ・ジョセフのスピーチについて話しはじめた。

「彼のスピーチをはじめて知ったとき、全身に稲妻が走ったような感覚になった。遠いところに住む部族のリーダーの言葉だけれども、人びとを率いて、自分のプライドを捨てて、命をかけて、白人に投降する道を選んだリーダーの言葉。誰だって、敗北を受け入れたくない。でも、つぎの世代に命をつなげば、そのつぎの世代で勝てるかもしれない。彼は自分の部族だけではなく、先住民みんなの将来を考えていた」

チーフ・ジョセフは、必ず訪れる将来の勝利を信じて、生きるために敗北を選んだのだ、とカレンはいう。死ぬまで戦うのをよしとする部族もあるが、彼女は、この敗北によってほかの部族も救われて、先住民のイメージがよくなった、と考えているようだ。

この敗者の演説は、これまでにメディアや書籍で、もっとも引用された先住民のリーダーのスピーチのひとつだ。しかし、カレンはどうしてこの言葉に出会い、惹かれたのだろうか。

カレンが暮らすニューメキシコ州のオケ・オウェンゲ族の居留地から、アイダホ州のネズ・パース族居留地へは、二〇〇〇キロちかく北上しなくてはならない。クルマでいくとなれば、二〇時間以上も運転する距離だ。しかし、この遠い道のりを、彼女はよく旅をしていた。

「若い頃は、毎年夏にパウワウや儀式があると家族とクルマでまわっていた。大平原がひろがるアメリカ内陸部の旅は、先住民社会とつながっている感覚があって、心地よかった。ネズ・パースの人たちと出会ったときに、チーフ・ジョセフのことを教えてもらって、この言葉に惹かれ、本を読んだ」

ふと、わたしは本当にチーフ・ジョセフがこの言葉をいったのだろうか、負けを受け入れたのは史実としても、あえてこのようなスピーチをする必要があったのだろうか、との疑問にとらわれた。短く、カッコよくまとまりすぎているような気がしたからだ。

それでも「フォーエバー（forever）というところ、そこがとくに心に響く」とカレンは、この言葉を繰りかえした。

もしも、彼女のいっていることが正しければ、どうしてチーフ・ジョセフは、この敗北はつぎの世代のためのもので、将来の勝利のためだ、と自分自身でいわなかったのだろうか。仮にチーフ・ジョセフがこの言葉をいっていなかったとすれば、白人の都合によって、フェイク・ヒストリーがつくられたことになる。

ジル・コンラッド

二〇一四年以降、わたしは毎年のようにアイダホ州のネズ・パース族の居留地を訪れている。同部族出身の弁護士、ジル・コンラッドは、居留地で幼い頃から、チーフ・ジョセフは「わたしは永遠に、もうこれ以上、戦わない」といったと、まわりの大人たちから教えられてきた。

「この言葉は、ネズ・パース語から英語に翻訳されたもの。でも、チーフ・ジョセフは、たしかに、そういったのではないか。彼はリーダーとして、家族や地域のために、そういって、戦いを終結させた。それは自分のプライドのためではなくて、先住民の未来のためだった」

居留地の町、アイダホ州のラプウェイに住むネズ・パース族部族政府職員、ジョサイア・ブラックイーグル・ピンカムは、はっきりしない表情で、なんともいえない様子だった。

「いったか、いわなかったか？　いったとしても、それは白人の軍隊の通訳の言葉だし、彼の本当の言葉ではない。昔の先住民が遺（のこ）したとされる言葉なんて、だいたいそんなものだと思う。通訳が厳密に翻訳したとは考えられない。記録した白人に都合よくニュアンスを変えられている可能性も、否定できない」

たしかに、すこしでも解釈がちがえば、全体的な意味が変わってしまう。彼は、歴史の信憑性という観点から、部族名についてもこんなことを話した。

「鼻にピアスなんかつけていないのに、どうしてネズ・パースと名づけられたのかは、わからない。そんなことは、どこの先住民にもよくある話だ」

一八世紀にこの部族と接触したフランス系の毛皮貿易業者が「鼻にピアスを通している」とフランス語で呼びはじめたことが、部族名の由来になったそうだ。ピンカムは、べつの地域の先住民と勘違いされて、勝手に部族名をつけられたのかもしれない、と怒るでもなく、呆（あき）れるでもなく、さもありなんという面持ちだった。ネズ・パースの人の多くは、元来、自分たちのことを、ネズ・パースではなく、ニミプー（Nimiipuu）と呼んでいた。いまもこの呼び名を好む人たちがいる。

彼らのもともとの生活圏は、現在のアメリカ北西部、おもにワシントン州とオレゴン州東部、アイダホ州やモンタナ州にひろがり、サウス・ダコタ州やノース・ダコタ州の平原部に暮らす部族や、カナダの部族とも交流があった。

現在、ネズ・パース族の居留地は、アイダホ州西部に位置しているが、ワシントン州のコルビル・インディアン居留地や、オレゴン州東部のユマテラ連邦部族居留地にもネズ・パース族の人たちが暮らしている。この部族はいくつものグループにわかれていて、最後まで白人に抵抗していたのは、チーフ・ジョセフらが率いていた一団だった。

二代目

チーフ・ジョセフは一八四〇年に現在のオレゴン州東部のワロワ・バレー（Wallowa Valley）で生まれた。彼の父親も部族のリーダーで、おなじくチーフ・ジョセフと名乗っていた。

一八七一年、父親が死去したあと、チーフ・ジョセフは、部族のリーダーを引き継ぎ、強制収容を回避するため、追ってくるアメリカ軍と戦う「ネズ・パース戦争」（一八七七年六月～一〇月）の指揮を執った。

この戦争の発端は、先住民の歴史ではよくある、連邦政府の裏切りだった。簡略に説明すると、一八五五年に米国政府とネズ・パース族のあいだで、ワシントン州、オレゴン州、アイダホ州の一角を占める、広大な土地を、ネズ・パースの領土として認める条約が締結された。

ネズ・パース族側からすれば、大半の領土を奪われた形だが、当時のリーダーたちは、断腸の思いで条約に署名した。それでも、部族の領土として認められた土地に、金鉱が発見されたことで、どこの部族でも起こったように、条約はすぐに反故にされた。

連邦政府は白人の流入を食い止めなかったばかりか、さらにほとんどの土地を合意なく部族から奪い取った。しかも、連邦政府は以前よりもはるかに狭くなった居留地のなかに、すべてのネズ・パース族が留まることを強制した。

部族の代表者のひとりとして、チーフ・ジョセフは陸軍将軍、オリバー・オティス・ハワードと交渉の席についた。ハワードの要求は、連邦政府の命令に従い、居留地に留まっておとなしく生活するか、それとも武力行使によって居留地に追いやられるかで、そのどちらにしても自由を剥奪され、事実上の軟禁状態になることを意味していた。

一八七七年六月、昔から生活していた地域にもどって暮らそうと、叛旗(はんき)を翻したチーフ・ジョセフ率いるネズ・パース族(少数の別の部族をふくむ)と連邦政府とのあいだで、およそ四ヶ月にわたって繰りひろげられた「ネズ・パース戦争」がはじまった。歴史家エリオット・ウエストによると、このときにチーフ・ジョセフ側についた人はおよそ六〇〇人で、そのうち男性は二〇〇人弱(戦える年齢にあるものは、およそ半数)だった。

居留地への強制収容を断固拒否するために、チーフ・ジョセフの一団はオレゴン州東部のワロワ・バレーから、数々の戦いを乗り越えながらも、一路北を目指した。彼らは当時カナダに逃れていたラコタ族のリーダー、シッティング・ブルの軍勢との合流を試みたのだ。

　しかし、一九〇〇キロにもおよぶ行程を旅して、カナダ国境から南に約六八キロの地点、現在のモンタナ州ベアー・パウで、オリバー・オティス・ハワードとネルソン・マイルス将軍の一隊に敗れ、降参を余儀なくされた。歴史家ジョセフ・コンリンによると、ネズ・パース側の兵士は八七人（そのうち四〇人が負傷）にまで減少し、さらに一八四人の女性と一四七人の子どもを連れていて、極限まで追い込まれた果ての選択だった。

　降伏したあと、彼らは囚われの身となり、カンザス州、オクラホマ州などの劣悪強制収容所に送られ、その先々でたくさんの病死者をだした。さらに、チーフ・ジョセフのグループは先祖伝来の故郷であるオレゴン州東部ワロワ・バレーではなく、遠く離れて馴染み薄い、現在のワシントン州のコルビル居留地に住むことを強要された。チーフ・ジョセフは、生まれ育った故郷の大地から、引き剝がされたまま、六四歳で、その生涯を終えた。

　一連のネズ・パース戦争で、チーフ・ジョセフはリーダーのひとりに過ぎなかったが、降伏のスピーチが語り継がれているからか、それともそのあとも生き残って自分の生涯を語ったからか、その名前は抵抗運動のリーダーとして歴史に刻まれている。果敢なリーダーシップによって、チーフ・ジョセフは、「赤いナポレオン」とも呼ばれていた。

敗者の弁

チーフ・ジョセフのスピーチは、一八七七年一〇月五日、チーフ・ジョセフが敗北を宣言した最後の決めの部分だ。このスピーチは、翌月一七日の「ハーパーズ・ウィークリー」に、一五文の構成で掲載されたもので、「将軍ハワードに伝えてくれ」という書きだしからはじまる。ハワードとは敵軍の将軍オリバー・オティス・ハワードを指す。そのあとこうつづく。

わたしは彼の心がわかる。
彼がかねていってくれたことは、
わたしの心に残っている。
わたしは戦いに疲れた。
我々のリーダーは死んだ。
ルッキング・グラスも死んだ。
トゥーフールーフールゾーテは死んだ。
長老はすべて死んだ。

このスピーチは、敵将であるハワードの言葉に触れながら、部族を率いてきた優秀なほかのリーダーたちが、戦死したことを告げている。敗戦のスピーチであるにもかかわらず、どこかハワード将軍へ宛てた感謝のメッセージのようでもあり、わたしにはしっくりこない。ほかのリーダーたちが戦死したことを、なぜあえて伝えなくてはならないのか、との疑問が残る。

このスピーチを掲載した「ハーパーズ・ウィークリー」のおもな読者は、先住民を蹴散らし、領土を奪った開拓者とその家族なのだから、客観性がどこまであったのかは疑わしい。ネズ・パース語の権威であり、第Ⅳ章で紹介する言語学者の青木晴夫はこういう。

「もとになるのがアメリカの陸軍の通訳の言葉で、これまで散々チーフ・ジョセフに手こずらされたから、『これからは戦争しません』といって降参した、と書かなければならなかったのではないだろうか」

たしかにネズ・パース戦争は約四ヶ月にわたり、白人側の損失も大きかった。これを考慮すれば、チーフ・ジョセフに投降させるだけでなく、軍隊の面子(メンツ)を保つために、敵のリーダーの劣等感あふれるスピーチが必要だったのかもしれない。

二〇一七年一一月二四日、アメリカのブログ・ニュースである「デイリー・コス」で、ライターのメテオー・ブレーズは、チーフ・ジョセフのスピーチについて、もっとも引用された先住民の言葉であるが、実際のものとはかけ離れている、と結論づけている。

ブレーズは、このスピーチがふたりの通訳を介したあとに当時二五歳の中尉、のちに詩人やエッセイストとして活躍するチャールズ・アースキン・スコット・ウッドによって書き記されたことを問題視している。ウッドが伝えきいた時点で、すでにその信憑性が揺らいでいたのかもしれない。

歴史家のジョージ・ベンも、このスピーチにはウッドの芸術的センスが散見し、その才能がかなりの部分に影響していると分析し、意図的に政府軍のために、ニュアンスを変えた可能性がある、と示唆している。ベンによると、一八七七年から一九三九年のあいだに、一九以上ものちがったバージョンのスピーチが出版され、ウッドはその編集や書き直しに関与しているという。

しかも、ウッドの死後、執筆しているときに彼が挿入するべき言葉を、余白に書き留めている原稿が発見された。チーフ・ジョセフのスピーチは、ウッドの「作品」として、アメリカ史に残っているのかもしれない。

文学者のアーノルド・クルパットも、この歴史に残るスピーチを詩人ウッドの創作と疑い、著書のなかでベンとおなじ見解を述べている。さらに、文化人類学者のトーマス・ガスリーも自身の論文で、チーフ・ジョセフのスピーチは、白人の都合で大幅に脚色され、そのあと政治利用されてきた、と指摘している。

みずからの部族を守るためにチーフ・ジョセフが発した言葉だったのか、植民地主義にひた走る白人の士気を高めるために創作されたスピーチだったのか、使われ方によってその意味はまったく別なものになる。

4　ワイルドな先祖

忖度(そんたく)させられたリーダー

「チーフ・ジョセフは偉大なリーダーだが、その名前（ジョセフ）のとおり、クリスチャンだ。白人の世界観をある程度は理解していたはずだ」

と断言するのは、アパッチ族の文化人類学者アンソニー・ガルシアだ。彼は先住民にたいする固定化されたイメージが、いまもはびこっていると主張する。

「先住民、とくに名だたるリーダーたちについては、つねに部族のなかで生活し、外の世界とは接触がないまま、白人と敵対するようになったというステレオタイプがある。しかし、場所と時代にもよるが、チーフ・ジョセフの生きていた一九世紀半ば以降、大半の先住民にとって白人との接触をすべて避けるほうが難しかった」

アンソニー・ガルシア

先に書いたように、チーフ・ジョセフの父親も、おなじ名前だった。彼もキリスト教の洗礼を受けていて、父子二代にわたって、白人の文化に接してきたことになる。

「この時代に生きていた先住民の多くは、何をすれば白人に喜んでもらえるのか、おのずとわかっていたはずだ。降伏したときにスピーチを本当にいったのか、彼が英語をどれだけ理解できたかはわからない。ただ、おそらく何かをいった、もしくはいわされたのだろう。それが脚色されて、発表された。おなじような被害に遭った先住民はたくさんいる」

命を守るために、いいたくもないことでも、あえていわなければならない状況だったのは容易に想像がつく。

ミシェル・ラヘージャによれば、チーフ・ジョセフのものに限らず、歴史を決定づけるような先住民の言葉は、たいがいスピーチとして記録されている。しかし、聴衆を前にしての発言だから、本人の気持ちがどこまで表現されているのかはわからないし、実際に何人くらいがきいたのか、それもどんな人たちだったかもわからない。

「仮にバイリンガルの先住民の通訳がいて、言葉と文化をよく理解していたとしても、先住民を虐殺していた当時、一言一句正確に訳すことが許される状況だったのか、それはわからない。さらにそれをきいた白人が記録に残して、自分たちの都合のいいように語り継いでいく。それが時代を経て、まったくちがう意味をもってしまったとしても不思議はない。チーフ・ジョセフは、部族のために、覚悟をもって戦っていたリーダーだ。そんな彼が、もうこれ以上は永遠に戦わないっていって、本当にいうだろうか」

ホンモノの「悪党」

「ジェロニモの本業は兵士ではなく、部族に伝わる伝統的な療法で人びとを癒す、ヒーラー（呪術師）だった。彼のもっていた特殊な能力は、人を脅かすためのものではなく、その真逆で人間を苦しみから救うための癒しだった」

ガルシアは、チーフ・ジョセフのことを話しているときに、彼の部族、アパッチ族の有名なリーダー、ジェロニモ（一八二九〜一九〇九）を例にあげて、つくられたイメージについて話しはじめた。

ジェロニモは一八八六年に降伏するまで、アメリカ南西部からメキシコにかけて、対白人との戦い（アパッチ戦争）を指揮したリーダーのひとりだ。おもに白人にたいする奇襲攻撃を得意としていて恐れられ、メキシコ軍も巻き込んだ、大掛かりな掃討戦に発展した。

一概にアパッチ族といっても、分派が多く、ジェロニモはおもに彼自身の出身の氏族、ベドンコへを率いていたにすぎない。しかし、ジョン・フォード監督の〝名作〟（先住民の視点からは史上最悪の映画）、『駅馬車（Stagecoach）』には、アパッチ族の大軍を引き連れたジェロニモが登場する。彼らは砂漠を旅する善良で罪のない白人市民が乗った馬車を襲う残酷な「インディアン」として描かれているが、西部劇ではおなじみの展開で、精鋭の騎兵隊を前にして、あっけなく駆逐される。

前章で紹介したモハベ族のルエリン・バラックマンは、その昔、居留地のそばの先住民が集まる映画館で、この映画を見ている。彼によると、歴史的にアパッチと敵対していた部族の人は、アパッチがばたばたと撃ち倒されるシーンで大歓声をあげていた。そのいっぽうで、もちろんアパッチに同情的な人たちもいた。先住民社会は、決して一枚岩ではない。

また、部族を統率して、白人たちに執拗なまでに抵抗した、とされるジェロニモだが、アパッチ系の部族のなかでも、彼の行動を評価しない人は少なくない、とガルシアはいう。

「ジェロニモが反抗をつづけていたとき、すでに白人側にまわっていたアパッチ系の部族もいた。複雑な心境だったはずだ。時期にもよるが、ジェロニモは、基本的にちいさな氏族を指揮していたに過ぎない。彼のおかげでアパッチ族全体の印象が悪くなり、そのあとの差別や強制収容に発展したと考えるむきもある」

寝不足の男

一九九〇年代半ば、わたしはジェロニモの子孫が暮らす、ニューメキシコ州南部のメスカレロ・アパッチ族居留地で、環境問題のフィールドワークをしていた。ジェロニモ家の人たちは部外者とあまり接触をもたないことで知られていたが、子孫のひとりに会うことができた。

思っていたよりも小柄な男性で、鋭い目をしていた。挨拶をすると、じっとこちらの目を見てから、言葉を発したが、部族政府の内情に関わる質問をしたからか、多くは語らなかった。彼は部族のなかの伝統主義者として一目おかれていた。

アパッチ族にはたくさんの氏族があり、ジェロニモ以外にも、コチースやナイチェ、エスペホやサンタナなど多数の優秀なリーダーが存在していた。が、知名度では圧倒的にジェロニモが優(まさ)っている。

実際にアパッチ族の人からきいたところによると、ジェロニモの部族名、「ゴヤトレイ」は「あくびをしている人」、もしくは「寝足りない人」という牧歌的な意味をもつ名前で、戦いとはほど遠い平和なイメージだ。この部族のなかでも、ジェロニモの抵抗運動を賞賛する人と、否定する人がいた。複数の氏族が集められて居留地が形成された歴史を抱え、部族にはさまざまな見解があった。

ジェロニモには、戦士たちを惹きつけるカリスマ性と卓抜した統率力があったのだろうか。もちろん、白人側にしてみれば、極悪非道な先住民像を拡散して、民族そのものを危険人種にしておいたほうが、恐怖を煽（あお）るのに好都合だったはずだ。

先に紹介したジョサイア・ブラックイーグル・ピンカムは、先住民の名前には勘違いや悪用されやすい点があると指摘した。

「わたしの部族名、ブラックイーグルには、自分の前に五人もおなじ名前をもつ人がいた。もしかするとジェロニモも、複数いたのかもしれない。何か事件が起これば、すべてをジェロニモの仕業としておけば、彼さえやっつければいいことになる。この氏族は移動を繰りかえしていたし、わからないことが多すぎる」

ジェロニモの足跡を探るにしても、彼を憎悪していた白人たちが残した資料を手がかりにしていくしかない。ピンカムは、アメリカ政府はジェロニモを利用し、現在にまでつづく反先住

オープンカーの運転席に座ったジェロニモ

民のプロパガンダをつくったと断言する。

この手法は、最終的には第二次世界大戦中の日系人の強制収容にまで発展した排日移民法の制定や、いまのイスラム教徒にたいするプロパガンダの作成でも実践されている。

つくられたイメージ

ジェロニモを写したいくつかの白黒写真が残っている。そのなかでもとくに目を引くのが、一九〇五年に撮影された、ワイシャツにベスト、洒落(しゃれ)たトップハットを身につけたジェロニモが、迫力満点のオープンカーの運転席に、ちょこんと収まっている写真だ。助手席とうしろの座席には、伝統衣装を着たイカつい面持ちの先住民男性三人が陣取っている。

ジェロニモだけが、洋服を着ていて、しかもハンドルを握っているので、白人の「文明」の方向に、仲間たちを連れて行こうとしているようにも見える。馬に乗って戦っていた武将が、一気に西洋化しているため、インパクトは強い。

ジェロニモを白人に愛されるキャラクターに仕立て上げることで、いかに白人社会が「文明的」で、どんな経歴をもった人でも更生させることができるか、という宣伝になったのは事実だ。これは同化政策を正当化することにもつながる。

もしも、本当にジェロニモが、反抗的で危険極まりない人物とみなされていたのならば、それまでの多くの先住民がそうであったように、処刑されていてもおかしくないはずだ。

捕虜になったあとのジェロニモの本当の気持ちがどうだったのかはわからない。それでもガルシアはジェロニモが追いつめられた状況にあったことはまちがいない、と断言する。

「いつ殺されるかわからない状況下におかれたジェロニモは、どうすれば白人が喜ぶか、どんな服装で、どんな顔で、どんな仕草で写真に収まれば自分の立場がよくなるか、それを十分に承知していたはず」

カリフォルニア大学バークレー校の名誉教授、ネズ・パース族のパトリシア・ヒルデンは、ジェロニモをはじめ、数多く残されている先住民をモデルにした写真の使われ方を問題視する。

「カメラの普及とともに、先住民のイメージはファインダーのなかで、白人写真家の意のままにつくられてきた。先住民本来の姿が、侵略者のつくる『先住民像』によってゆがめられた」

そのイメージが、当時の先住民の生活を知るための手がかりとして重宝されてきた。

一方で、写真が貴重だったひと昔前、先住民が被写体として写真家のもとめるポーズに応じてきたことについて、マイケル・ソーシはべつの意味があった、と指摘する。

「被写体になれば、あとでその写真がもらえると信じていたのだろう。虐殺を生き延びた人たちは、それがどんな格好であったとしても、生きた証として、子孫に写真を残したかったのだ」

5　戦場の先住民

敵か味方か

「アメリカ陸軍には、アパッチの名がついた攻撃専門のヘリコプターがある。ジェロニモの影響からか、自分の部族には戦闘的なイメージがつきまとう」

アンソニー・ガルシアは、ベトナム戦争中に空軍の輸送機に乗って、戦場に物資を降ろす任務についていた。運よく生き残り、退役軍人のための奨学金を得て、カリフォルニア大学と同校大学院にすすみ、文化人類学の学位を取得した。

アパッチという言葉は、ズニ・プエブロ族の言語で、敵を意味する、とメスカレロ・アパッチ族居留地の人たちから教わった。彼らは自分たちの部族について、対外的にはアパッチと呼んでいたが、自分自身のことになると、メスカレロやチリカワなど、氏族の名前で通していた。「敵」であるはずのアパッチ。ベトナムの戦地では、先住民やマイノリティは戦場の最前線、もっとも危険なところに配置された、とガルシアはいう。そして、その後方に白人の兵士がつづく。白人をすこしでも安全な場所に、という人種差別むき出しの部隊編成だ。

カイオワ族のベトナム帰還兵にインタビューしたときも、おなじ話をきいた。理由もなく最前線にたてと命令され、ジャングルで敵陣にむけて銃を構えた。そのときに彼は、ベトナムの兵士たちの顔を間近に見た。

「ヘルメットをかぶった彼らは、居留地の親戚たちに似ていて、どうして自分のうしろで控えている白人たちのために、身内を撃たなくてはならないのか、だんだん戦う意味がわからなくなっていった。彼らを殺すのは本当に辛かった」

戦争にいく前の彼は、伝統行事には欠かせない、才能のある歌い手だった。が、帰国後は、戦場のトラウマからアルコール依存症に陥り、家族や親族からは疎まれた。その後、ケビン・コスナー主演で、白人の視点で部族社会を描いた映画『ダンス・ウィズ・ウルブズ』(一九九〇年)のヒットとともに、先住民男性の人気が急上昇したこともあって、裕福な年上の白人女性と出会う。住む場所と酒代を得て、さらに飲みつづけることになる。

　また、元米軍特殊部隊（グリーン・ベレー）だった、トホノ・オーダム族のマイク・ウィルソンは、先住民という意識は、軍人としての彼に、効果的に働いたという話をしてくれた。特殊部隊は己の肉体と精神力がものをいう過酷な世界だが、先住民がアメリカに貢献しているというのは、イメージ的にもよかったし、なによりも本人が自分の出自に誇りをもっていた。

　しかし、派遣されたエルサルバドルのジャングルで、反政府ゲリラを相手に命がけの任務に就いているときに、ふと自分は先祖を虐殺した国の軍隊のために、何をやっているのか、と違和感を感じるようになった。アメリカの軍隊の一翼を担うこと、それは先住民を追いやった「開拓者精神（フロンティア・スピリッツ）」に加担しているように思えた、という。

　環境にやさしく、自然と共生する民と思われている先住民だが、その反面、猛然と荒野で戦い、縦横無尽に大地を蹴散らす開拓者精神を彷彿とさせるようなイメージも強い。先住民の部族の名前は、アメリカ車の「チェロキー」や韓国車の「モハベ」（スペルはMohaveで部族名Mojaveと読み方はおなじ）といった四輪駆動車の名称にも使われている。大自然を自在に走り抜く車高の高い車種だ。

　マイケル・ソーシは一時期、アメリカ製の大型のジープに乗っていたが、こう説明した。

「モハベ族はジープのように砂漠の道なき道を無謀に突き進むのではなく、先祖が踏みならした道をたどる。荒々しく傍若無人に走りまわるジープは、砂漠を傷つけるし、たいがいそういう車は燃費が悪い。本来のモハベの姿とは、似ても似つかないのだ」

本当に死んでもいいのか?

「今日は死ぬにはもってこいの日、ついて来い(This is a good day to die, follow me)」(リチャード・ハンドーフの著書より引用)

オグララ・ラコタ族のリーダー、ロウ・ドッグ(一八四七~九四)が、「レーベンワース・タイムズ」一八八一年八月一四日付のインタビューで、白人部隊との戦闘に赴く直前に、仲間を鼓舞するためにいったとされる言葉だ。

出典には諸説あるが、チーフ・ジョセフのスピーチ同様に、よく引用される「死ぬにはもってこいの日」について、ミシェル・ラヘージャにきいた。

「虐殺が横行していた当時、本当に先住民がそういう発言をしただろうか? もしも、あなたがその時代に生まれていたら、そんなことをいえますか?」と、彼女は逆にきき返してきた。先住民への虐殺が日常的におこなわれていた一九世紀に、「今日は死ぬにはもってこいの日」といい切ることができるのか。いつの時代であっても、「今日は死んでもいい」と断言することなどできるわけはないだろう。

さらに、ラヘージャはこうつづけた。

「この言葉は、『今日は殺されてもいい。殺してくれ』という風にも解釈できる。いったとされる人やその民族が、どんな死に方をしたかでその意味が大きく変わる」

「殺されてもいい」という言葉には、法律では殺人を禁止されていても、「そういっている人やその民族は殺してもいいのだ」と民衆に思い込ませ、さらに殺意を煽ってしまう危険性がある。誰がどのように引用するかによって、いったとされる人間の責任が問われる。

たくさんのラコタ族の人たちが、白人との戦闘によって傷を負ったばかりか、虐殺された。殺す側にとっては、死にたくないという人よりも、死んでもいいと宣言している人を殺めるほうが、反発は少なく、気が楽になるのは明らかだ。ラヘージャは、この言葉があたえるイメージを危惧している。

「死んでもいい戦いというと、日本のカミカゼ・パイロットのことを思いだす。部族全体の命を粗末にしているようにも受け取れるような言葉を、部族のリーダーが、本当にいったのだろうか。それにこの言葉は、先住民は日々死んでもいいと思っている、という誤解をあたえかねない」

ロウ・ドッグが死んだあとも、この言葉は多方面で引用されてきた。それと呼応するかのように、二〇世紀初頭まで、先住民を殺して体の一部を軍隊にもっていけば、報酬をもらえた時代がつづいたことは先述した。先住民はカネのために殺すべき対象だったのだ。

いっぽうで、ダコタ族出身のキンバリー・トールベアーはこう解釈する。

「本当にいったかどうかは定かではないが、その発言の真意は、自分と自然界をふくめたまわりとの関連性を示しているのではないか。状況は非常に困難であっても、何があってもやり遂げると意思表示をし、強敵に挑む。改革のために、命がけの何かが必要だという政治的なスタンスなのかもしれない」

キンバリーの六代前の先祖は、対白人戦争を指揮したダコタ族のリーダー、リトル・クロウ（一八一〇～六三）だ。彼には懸賞金が賭けられていて、殺された。彼女は、めったに自分から先祖の話をしない。

「殺されたリーダーの言葉は人気があるようで、一時期よくいろいろな人からリトル・クロウのことを質問された。それよりも、いまを生きる先住民の声に耳を傾けてほしい。そのほうが社会には意味のあることだからだ。それが実現したとき、はじめて、先祖の話ができるような気がする」

いつ殺されてもいい、というのは、今日まで一生懸命生きてきたから、もうやり残すことはない、ということなのだろうか。

ロウ・ドッグとおなじラコタ族のヒース・セントジョンは、こう説明する。

「これは精神世界に生きる先住民の文化や慣習、価値観の一部をあらわす言葉で、戦うときだけに使われるものではない。ただ、今日まで威厳をもって生き、自分の責任をまっとうしたから、心から死んでもいいいと、自分の人生と大地、まわりの人たちを名誉に思う精神を称えている。実際には、誰が最初にいったのかは不明だ。また、使い方に気をつけなければ、どうせ死ぬのだから、どうなってもいいといった、自暴自棄な姿勢であるとも勘違いされかねない」

四年ほど前に、ふとこの言葉を思いだしたことがある。

ポモ族の居留地で、一緒に水質調査をした若者が自殺した。死因はドラッグの大量摂取だった。親族からは、彼は子どもの頃からひどい人種差別に遭っていて、世の中に絶望していた、ときいた。その訃報に触れたとき、なぜかふとこの言葉、「今日は死ぬにはもってこいの日」を思いだし、さらに辛くなった。

二〇一八年のアメリカ疾病管理予防センターの報告書によると、先住民の一〇万人あたりの自殺者数は二一・五人、翌年の国立衛生統計センターの発表では、先住民の自殺者率は、ほかのどの人種よりも高い。

歴史的なトラウマから、長年にわたってアルコールやドラッグの問題、さらには高い自殺率に悩まされている居留地で、「死ぬにはもってこいの日」という言葉は、ひたすら冷酷に響く。

自殺や殺人事件によって、若い親族をたてつづけに失い、事情があって家族と離れて暮らしていたダコタ族のダニエル・ワイナンスは、一時期ぜんぜん笑わなくなった。この頃の彼は、部族のメディシンマン（呪術師）から、心臓の鼓動をきいてもらいながら、伝統的な療法で悲しみを軽減する治療を受けていた。

そんな実情を知られたくないからか、「昨日は死ぬのにもってこいの日だった」といつも冗談ぽくいっていた。

いまになって思い起こせば、大変な昨日をなんとか乗り越えたのだから、今日からまた生きていこう、という決意表明だったのかもしれない。きっと、一日一日が闘いだったのだ。

6 濫用される言葉

環境を守る民

「この国のすべての場所は、わたしたちにとって神聖です。すべての山腹、すべての谷、すべての平原と木立は、わたしの部族の懐かしい思い出、もしくは悲しい経験によって、神聖なものとして崇められています」

これはアメリカ北西部の太平洋沿岸部を生活圏としていた、スクワミッシュ族の父とドゥワミッシュ族の母をもち、スクワミッシュ族のリーダーになった、チーフ・シアトル（彼の名前がワシントン州シアトルの由来になったといわれている）が、一八五四年にドゥワミッシュ語で語ったとされるスピーチの一部だ。

彼のスピーチは、いくつかのバージョンがあることで知られている。ここで引用したのは、地元紙「シアトル・サンデー・スター」（一八八七年一〇月二九日）に掲載されたものだ。

このスピーチを直接きき、通訳したのは、当時の領土議会に共和党員として参加していた、医師であり詩人でもあるヘンリー・スミスだった。

「ハフィントン・ポスト」（二〇〇七年一一月一三日）によれば、スミスは一年間しかこの地域に滞在しておらず、彼の語学力に疑問が残るという。また、実際に彼がチーフ・シアトルのスピーチをきいてから、三三年後の一八八七年に文章としてまとめあげて、地元紙「シアトル・サンデー・スター」に掲載したことについても、長い空白期間があることを問題視している。

一九七〇年、テレビのプロデューサーだったテッド・ペリーは、環境を題材にした映画をつくろうと考えていて、アースデイ（地球の日）の集会で、ヘンリー・スミスに関する記事を目にした。そこで先住民が環境問題への責任をもとめているという、つくり話を披露することを思いつく。そして、一九七二年にテッド・ペリーが脚本を書き、ＡＢＣによって放送されたテレビ映画『ホーム（Home）』で、アレンジを加えたチーフ・シアトルのスピーチを使用した。ノースカロライナ大学でコミュニケーション学を教える、ジェイソン・エドワード・ブラックは自身の論文で、ペリーによって、シアトルのスピーチは、一九七〇年代の時流を反映して、より環境保護的なものに趣向が変えられたと述べている。たとえば、「わたしたちは、地球が人間に属するのではなく、人間が地球に属していることを知っている」や「獣に起こるあらゆることは、すぐに人間に起こる。すべてのものはつながっている」などは、映画用に書き加えられたものだという。

ワシントン大学の太平洋岸北西部研究センターは、ペリーが元のスピーチに大幅な変更を施して、チーフ・シアトルをエコロジストに仕立て上げ、さらに映画を通してそのイメージを拡散した、と記している。さらに、先述の「ハフィントン・ポスト」は、このスピーチをつくったのは、詩人と脚本家だった、と主張する。

いまでも、アメリカで環境問題を訴えるデモにいくと、このスピーチの一部をプラカードに書いている人をよく見かける。そのたびに、「部族の狩猟に関しては、動物愛護者たちから叩（たた）かれ、放射性廃棄物の誘致に反対したら、『科学の発展に非協力的な、時代遅れの先住民』と環境問題の専門家から罵られた」とルエリン・バラックマンが嘆いていたのを思いだす。

一九九〇年、ジョージ・H・W・ブッシュ大統領によって、核廃棄物交渉局長に任命されたデイビッド・レロイは、チーフ・シアトルのスピーチを引用し、高レベル放射性廃棄物貯蔵施設を、自然の守り神とされる先住民族に押しつけようとした。それを歓迎したのは、意外にも、メスカレロ・アパッチ族で当時部族大統領を務めていたウェンデル・チノだった。

三〇年以上もの間、辺境に位置する部族を率いてきたチノは、「我々のもっている環境保護の伝統により、安全に核廃棄物を貯蔵することが可能である」と断言し、施設の誘致のために奔走した。

これによって居留地内は、賛成派と反対派にわかれ、周辺住民や環境活動家との軋轢をうみ、部族は地域社会から孤立してしまった。わたしはこの居留地に実地調査に入り、反対運動を記録した。実際に会ったチノは、鋭い眼光を放っていたが、極貧の居留地にカジノやスキー場を誘致し、大成功を収めた手腕が評価され、部族では核廃棄物誘致に反対する人たちからも「神様よりも偉大な人」と崇められていた（詳細は拙著『「辺境」の抵抗』を参照）。

最終的に、チノは、危険性が高い割に、採算が合わないという理由で、核廃棄物処理施設誘致のための交渉を絶った。それで核のゴミは来なくなったが、「環境保護」の解釈のちがいから、分断された部族社会の衝撃は大きかった。

チノと面識があり、おなじく一九六〇年代から九〇年代に部族のリーダーだったルエリン・

バラックマンは、同時代を生き抜いた同志として、彼の思惑をつぎのように分析した。

「おそらくチノは、部族を蔑んできた周辺の市町村や州政府を、核廃棄物を誘致して、利益を得て、見返したかったのだ。手段はともかく、白人がつくったイメージをあえて使い、居留地を『核廃棄物』で脅威を放つ存在とし、アメリカという国家に抵抗しようとしたのではないだろうか。そうでもしないと、先住民は人として認めてもらえなかったのだ」

癒されたい人たち

チーフ・ジョセフ、ロウ・ドッグ、チーフ・シアトルの三人は、彼らの生き方はもとより、彼らが遺したとされる言葉によって、現在にまで語り継がれている。アメリカ史のなかで白人によって記される先住民の歴史は、先住民がいったとされる数々の発言によって、つくられてきた部分がある。しかし、もしも彼らが、実際にはそうした発言をしていなかったとすれば、先住民の生き方や歴史は、白人がつくった偽りの言葉によってひろめられたことになる。

先住民の言葉が美化され、ひとり歩きしているからか、いまもモハベ族の住む砂漠には、都市部からたくさんの人が、「教え」をもとめてやってくる。

「先住民はみんな失業中で暇と思われがちだが、わたしは部族で仕事をしているので忙しい。知らない人が突然来るので、困っている」と嘆きながらも、部族博物館の館長を務めていた頃のソーシは、ひとりひとり丁寧に対応していた。きかれるのは「どの馬が勝つのか?」というギャンブラーの類いから「オゾン層は守れるか?」とか「地球の未来は大丈夫か?」などの真剣なものまで幅ひろい。

「そんなことは、モハベでもわからない。ただ、さまざまな問題を抱え、日々生きるのがやっとの人たちが住む居留地に来て、先のことを質問をしても、答えなどない。それよりもどんな理想をもって一緒に生きて行くか、ということのほうが大切だ」

とソーシは、少し困惑した表情になった。一呼吸おいて、おもむろにこう言葉を継いだ。

「『砂漠の砂の一粒一粒には、物語があり、神聖な意味をもつ』とモハベが砂漠で語ったら、信じるか? 砂つぶに、ストーリーなんかない。癒されたいと願う人は、なんでも自分の都合のいいように解釈する。砂漠の知恵が都会で生活する白人に、役立つのだろうか。もしも先住民の言葉が人びとを癒せるならば、どうして先住民は癒されないのだろうか。誰が何をいったか、ということよりも、先住民の言葉や生き方が、誰にどう利用されるのかが問題だ」

そして、しばらく無言になり、わたしの目をじっと見つめ、右手の人差し指と中指で自分の目元を指さして、こう切りだした。

「まさに"I see you"だ(第I章参照)。先住民のところに来ると白人は、何かを発見した気分になる。だが、やってきた白人たちこそが、砂漠の風に吹かれながら、四つの方角から、一挙手一投足を、我々に見られているのだ」

7　生きるための戦い

誰のための言葉か?

「いったとされる人も、きいたという人も、もう生きていないのだから、発言が事実だったかは、確かめようがない。それよりも、その発言が誰のためのもので、どんな影響をあたえたかを考える必要がある。どうして先住民の言葉は、まるで文学者や詩人のような、洗練された文体で残っているのだろうか、という議論もある。どうしておなじリーダーのおなじ言葉ばかりなんどもなんども引用されるのだろうか。言葉だけがひとり歩きしている」

パトリシア・ヒルデンは、チーフ・ジョセフだけでなく、これまでの先住民が語ったとされる言葉の背景にある歴史を見据えてきた。

部族の言語を母語とする当時の先住民が、英語を母語として育った人でも到底思いつかないような、卓越した芸術的な表現を用いることがある。それは、どうして可能なのだろうか。

当然、それを記録した人がいて、それをもとめる読者がいた。誰のためにいったとされるの

パトリシア・ヒルデン

か。それを考えると、その言葉の信憑性は揺らいでくる。

ヒルデンは、先住民は昔から、自分の意思とはまったくちがうことをいわされたり、それにちかいことをいうように誘導されたり、いったことを脚色されたりしてきたのではないか、と疑問をもちつづけてきた。

英語が母語でない人の場合は、誘導質問を拒み、引用を再確認するのは難しい。さらに、捕虜となったあとは、投獄されて従属関係が強まり、普通の話ができるような状況だったかどうか。

一九九三年、学部学生として彼女のセミナーを受講していた頃、毎週一冊以上の割合で、アメリカの先住民に関する課題図書を読んだが、そのなかに *Lakota Woman*（邦題『ラコタ・ウーマン』第三書館）など、先住民の半生を描いた伝記が何冊かふくまれていた。『ラコタ・ウーマン』もそうだが、先住民の伝記は共著者として、本人以外の作家が、共同執筆者となっていることが多い。

先住民が自身の半生を語り、作家が美しい一冊の本にまとめる。話し手と書き手の信頼関係の賜物だ。ある共著本を読んだ週のセミナーで議論をしている最中に、南米先住民の学生が、素朴な疑問をつぶやいた。

「現在の先住民の聞き書きなのに、どうしてこの人は白人が来る前の先祖の暮らしを、あたかも自分の経験の一部のように語れるのだろうか」

本の質を高めるため、本人の知らないことまで話したことにされている可能性は否定できない。書き手がかなりの資料を用いて、補足しなくてはストーリーが成り立たない場合もある。どこまでが著者のひとりである先住民自身がいったことなのか、わからない部分は多い。

ヒルデンは学生の批判精神を鍛えるために、よくこう問いかけていた。

「もしも先住民がいったとされる言葉が、すべて白人の創作だったら、それをもとに伝えられてきたアメリカの歴史や文化に、いったいどんな意味があるのだろうか」

自分との戦い

二〇一七年、ワシントン州ヤカマ族の居留地を訪ねたときに、長年の友人で、居留地のちか

リディア・ジョージ＝マエスタタス

くの病院で事務員をしている、部族出身のリディア・ジョージ＝マエスタタスに、チーフ・ジョセフの言葉についてたずねた。

「隣の部族のことだから、よくわからないけれども、いったのか、いわなかったのか。歴史ではチーフ・ジョセフがそういったということになっているし、彼の半生を描いた映画のタイトルにもなっている。でも、本当にそういったのかどうか。それはわからない」

そのとき横にいた、共通の友人、ジェイソン・トマルウォッシュが口を開いた。

「わたしは永遠に、もうこれ以上、戦わない？　それは誰の言葉？　そんなことをいったヤツがいるのか。きいたこともない」

彼が前に乗りだしたときに、鋭い眼光がこちらに向けられた。同時に、二の腕に入った大きな丸いデザインの刺青がゆがんだ。

「チーフ・ジョセフ？　隣の部族の元リーダー。彼が何かいったのか？」

すこし肩すかしをくらった気分だったが、彼はわたしよりも一〇歳若い三五歳。もしかすると世代のちがいなのかもしれない。彼は、ヤカマ族とワナパム族の血を引いていて、ネズ・パース族と彼の部族はともにコロンビア川沿いに暮らし、歴史的に交流が盛んだった。

「ちょっと、本当に知らないの？　隣の部族でしょ。あなた、インディアンでしょ。こんな有名な言葉を知らないの？　映画のタイトルにもなっているのに、本当にきいたことないの？」

とリディアが問いただす。彼女は、街で先住民とすれ違うと、どこの部族の人であっても、ちょっと頭をさげて挨拶する。先住民か否かはもちろん、ワシントン州ならば、顔つきによっては、どこの部族で、どの家系であるのかもほぼわかるそうだ。そんな彼女にとって、ネズ・パース族は身近な隣人で、チーフ・ジョセフの存在すらも認識していない先住民が、おなじ部族にいること自体が、意外なようだった。

　悪びれる風でもなく、トマルウォッシュは首をかしげるばかりだ。

　そして、格闘技が好きな彼は、ネズ・パース族についてつぎのような話をはじめた。

「チーフ・ジョセフのことより、あそこの居留地には、ひどいヤツがいる。この前レスリングの大会があって、ネズ・パースの居留地に見に行った。目の前にいたヤツに、ハイって話しか

ジェイソン・トマルウォッシュ

けたんだ。そうしたら、いきなり『お前、ぶっ殺す』と凄まれた。肌が白くて、先住民かどうかもわからなかったが、一応先住民の血を引いているような顔つきだった。先住民のみんながみんないい人間であるわけではない。先住民だからといって、俺は挨拶なんかしない。でも、年配の先住民には、初対面でも、すれ違えば挨拶する」

居留地で歩合制のトラック運転手をして生計をたてているトマルウォッシュは、筋骨隆々としていて、イカつい男だ。彼の仕事は午前二時半からはじまる。だから夜は早く床に就いて、すぐに眠りに落ちるという。

山の奥まで原木を積みに行き、それを町まで運ぶのが、彼の仕事だ。一日に居留地のなかの山道を四往復しなくてはならない。昼休みもなく、運転しながらサンドイッチを胃袋に流し込み、素早く食事をすませる。離婚後、一二歳の息子と八歳の娘をひとりで育てる彼は、とにかく稼がないといけない。

「チーフ・ジョセフが戦いをやめ、降参するような言葉をいったとしても、彼の文化的背景とか、背負っているものを理解すれば、その発言の意味はちがってくる。彼は自分の家族のため、民族のために、戦うのをやめたのかもしれない。負けたって、カッコいいのだ。全力で戦って負けたんだ。そこがわかってもらえないところだ」

彼はスマートフォンをとりだして、なにやら調べはじめた。ネット上のあらゆる解釈とは無縁であるといいたげに、彼が力強い言葉を発しはじめた。

「"I will fight no more forever"っていう言葉は、三つに区切って考えたほうがいい。"I will fight"は旅をつづける決意。"No more"のところでは戦いには疲れているが、部族や土地のために戦う。さらに"Forever"は人生の旅路を永遠につづけると解釈すべきだ。この言葉にはチーフ・ジョセフの徒労感がある。白人との戦いがいやになったにちがいない。戦うことをやめるのは弱いことではない。大切なことは、他人との戦いをやめて、自分たちの人生をよくしていくための戦いをつづけていくことだ。文化的な背景、時代、まわりとの関係を考える。リーダーになるということは、それほど大変な責任を背負うということだ」

たしかにこの言葉には、たくさんの想いが凝縮されている。ただ、降参しようが、戦うのを

トゥワレ・アブラハムソン

やめようが、誇り高い民族であることには変わりがない。

「本当にチーフ・ジョセフがこの言葉をいったかどうか。そんなことはどうでもいい。この言葉が残されているのだから、いまを生きる自分たちが、それをどう自分の現状に当てはめて考えるか、それが大事なことだ」

　トマルウォッシュは、彼なりの解釈を雄弁に語り、鋭い目つきのまま、クルマに乗って帰路についた。明日もまた、早朝からトラックで山にいき大木を運ぶ。最後に彼はこう念を押した。

「忘れないでほしい。ジョセフはカッコ悪くなんかない。彼は民族のために戦ったのだから」

　翌年、二〇一八年夏、ワシントン州のスポケーンからクルマで一時間、スポケーン族居留地で、ウラン採掘などで深刻化する水質汚染の問題に携わる環境運動家、トゥワレ・アブラハムソンを訪ねた。彼女はトランプ政権が再開したダコタ・アクセス・パイプラインの建設でも抗議行動に参加してきた。

出会った日、彼女が着ていたTシャツには大きく、"I will fight some more... forever（わたしは永遠に、もう少し戦う）"と書かれていた。

「それは、チーフ・ジョセフの言葉ですか」

とわたしはきいてみた。彼女は大きく頷いて、笑顔でこういった。

「これは、もちろんチーフ・ジョセフの言葉をもとにしたものです。わたしたちは、ずっと戦いますから。トランプ政権がどれだけつづいても、何をしても、これから先もっとひどい人があらわれても、ずっと戦います。水と自然はみんなが必要としています。部族のため、人間のため、大地を守る先住民があきらめないでいることは、みんなにとって大切なことなのです」

第Ⅲ章

壁とカジノとトランプ——先住民から見たアメリカ社会

キンバリー・トールベアー（左）とリーアン・トールベアー

1　先住民の政治

民主党離れする先住民

「『アメリカをふたたび偉大にする』
トランプを勝利に導いたこのスローガンの本当の意味は、
『アメリカをふたたび白人のものにする』
ということだ。しかし、歴史を振りかえってみても、アメリカ大陸が白人だけのものだった
ことは一度もない」

ダコタ族出身で、さまざまな部族の経済開発計画の立案やコンサルティングの仕事をつづけてきたリーアン・トールベアーは、くぐもった声で語った。
ドナルド・トランプのスローガンは、コロンブスが「新大陸を発見」するはるか以前から、アメリカの大地で暮らしてきた先住民の存在を完全に否定しているように響いた。先住民のなかには、四年に一度の大統領選挙を「白人社会のための政治」と捉えて、距離をとる人が

少なくない。また、先住民のことが話題にあがることも稀だった。

ところが、二〇〇八年の大統領選挙戦には、たくさんの先住民の姿があった。同年五月、半年後に勝利を掌中に収めるバラク・オバマは、モンタナ州のクロウ族の居留地を訪れ、部族の夫婦と養子縁組を結んだ。先住民との関係をアピールしたことは、国内のリベラル層に感動をあたえた。

大統領就任後、オバマは先住民の各部族のリーダーたちを首都ワシントンDCに呼び、会議を主催して好評を得た。彼はまた、環境保護や文化保存を名目とした連邦機関の予算拡大に尽力した。いくつもの部族の居留地で、前任のジョージ・W・ブッシュよりも、オバマは先住民を対象とした福祉政策を増やしてくれた、というたくさんの声を、わたしは耳にしてきた。

その一方で、二〇一六年の大統領選挙で、二大政党の候補者が、先住民のことに言及した記憶は、わたしにはない。トランプの移民への罵詈雑言ばかりが取りざたされた選挙の結果を、先住民はどう受け止めたのだろうか。

居住する地域によってちがいはあるが、もともと先住民は、穏健的な民主党を支持する傾向にある。共和党が強い州でも、先住民の割合が高い選挙区では、民主党が勝つことが多かった。しかし、「インディジネス・ポリシー」（二〇一六年一二月一五日）は、ノース・ダコタ大学教授、マーク・トラハントの論考を掲載し、先の大統領選挙における先住民の投票傾向を省みて、民主党離れが顕著であると報じている。

たとえば、共和党が強いアリゾナ州で、ナバホ族が多数派を占めるアパッチ郡では、二〇一二年の大統領選挙で民主党候補者だったオバマが、一万七一四七票を集票した。二〇一六年の選挙で同党候補者のヒラリー・クリントンが集めたのは、それより五〇〇〇票ちかく少ない、一万二一九六票だった。

前出のリーアン・トールベアーは熱烈な民主党員で、ジョージ・H・W・ブッシュが当選した一九八八年の大統領選挙の際には、民主党選出のマイケル・デュカキスのために、先住民の票を集める責任者を務めた。二〇一六年の選挙で彼女は、バーニー・サンダースを支持した。

彼の政策には、以前支持していた黒人候補者ジェシー・ジャクソンに共通するものがあったからだ。それでも最終的には、トランプ政権誕生を阻止すべく、苦渋の選択の末、ヒラリー・クリントンに投票した。リーアンは先住民の投票傾向について、つぎのように説明した。

「白人のエリート女性であるヒラリーの言葉は、先住民の心に響かなかった。もちろん先住民といっても一枚岩ではなく、住んでいる地域のマジョリティである白人がつくりあげた政治風土に、影響されるのは珍しいことではない。だから、共和党支持の先住民も少なくない。それはメキシコ系や黒人にも見られる傾向だ」

大統領選挙期間中に、トランプを支持する先住民の政治家や団体の幹部が、「アメリカ先住民連合」を発足させた。代表に就任したのは、共和党が強いオクラホマ州選出の下院議員、チェロキー族出身のマークウェイン・ムーリン（共和党）だった。

スーパー・チューズデー

二〇一六年三月一日、複数の州で予備選挙が行われるスーパー・チューズデーを、わたしはカリフォルニア州バークレーの友人宅で過ごした。リベラル層が大半を占め、民主党が強い場所だからか、バーニー・サンダース支持の看板が目に入るくらいで、選挙戦は静かだった。

同州の社会福祉士で、ラジオショーのホストも務める、ラコタ族のヒース・セントジョンは、トランプが大統領になる不安をこう漏らした。

「シュワルツェネッガーが州知事選挙（二〇〇三年）に立候補したときには、誰もが政治経験のない彼が州知事に選ばれるなんて思わなかった。だからまわりにはリベラルな人ばかりがいても、トランプが勝つ可能性を最初から否定できなかった」

州知事選と大統領選は、もちろん次元がちがう。しかし、何が大衆を惹きつけるかはわからない。ただ、映画業界でトップに君臨し、彼ほどの金を稼いだ人は、誰からも買収されないだろうというのが、大方の見方であり、シュワルツェネッガーの強みだった。

トランプについて、リーアンの娘であるキンバリー・トールベアー（第Ⅱ章で紹介）は、こう発言した。

「警官によるマイノリティや先住民への暴力が横行しているのを見れば、トランプの人種差別的な発言に呼応する白人が多数派を占めてもおかしくない。アメリカ社会の急速な右傾化は、部族社会で暮らす多くの人たちに恐怖を抱かせている」

スマホなどで撮影された、有色人種に対する警官の暴行がネットで公開されて、批判が高まっても、保守化を食い止める気配はない。逆に現状をさらに悪化させるような、差別的で偏向した大統領を民衆は選んでしまった。

2　ギャンブルと部族社会

先住民カジノ

「トランプが我々の土地を奪うかもしれないし、我々のカジノを閉鎖するかもしれない」

ニューメキシコ州のオケ・オウェンゲ族（同州に一九あるプエブロ系部族のひとつ）のサンドラ・マルチネスは、心配そうにつぶやいた。彼女をはじめ居留地の住民のほとんどが、弱者への暴言を繰りかえすトランプを見て、このままではつぎに矛先が向くのは自分たちだ、と恐怖

サンドラ・マルチネス

してヒラリーに投票したという。彼女は心許なげにこうつづけた。

「大統領選挙が終了した翌日から、居留地を得体の知れない怖さが覆っている。こんなに静かなところなのに、気持ちが落ち着かない。カジノが閉鎖されれば部族には大打撃だが、それ以外にどんなひどいことが起こるのだろうか。先住民のことも、メキシコの国境を越えてくる移民たちとおなじように蔑むのだろうか」

共和党の強いアリゾナ州とテキサス州に挟まれている内陸部に位置しながらも、ニューメキシコ州は民主党の根強い地盤があり、二〇一六年の大統領選挙と二〇一八年の中間選挙（上院議員選挙）ともに、勝利している。リベラル色が強い同州にいながら、マルチネスが問題視するのは、トランプのテレビでの発言が部族社会にあたえる影響だった。

オケ・オウェンゲ族の居留地は、大都市から離れ、一六世紀にスペインからメキシコを経て、ニューメキシコに移住した人たちの子孫（「スパニッシュ」もしくは「ヒスパニック」と呼ばれる）が暮らす町に囲まれている。居留地のなかからは、白人が多数派を占める一般的なアメリカは遠い世界に見える。大統領は、白人世界のリーダーという感覚だ。

しかし、トランプの乱暴な発言は、首都ワシントンＤＣと居留地の距離を一気に縮め、いつ生活が脅かされるかわからないという不安感を植えつけた。マルチネスの幼い孫たちが、テレビでトランプの発言をきいて、恐怖におののいているという。

「いったい、これから何が起こるのか？」と幼稚園に通う孫娘にいわれて、かえす言葉がない。

「どうして、こんな怖いことばかりいう人にみんな投票したのか？」

と問われても、答えられない。

ワシントン州で先住民対象の病院に事務員として勤める、ヤカマ族のリディア・ジョージ＝マエスタスは、不安をあらわにする。

「これから先住民の医療機関や社会福祉の予算が、削減されるのではないか。トランプは福祉や介護には無関心のようだ。先住民の日常にどんな悪影響がでるか、職場でも居留地でもみんなが心配そうに話している」

連邦政府からの援助がなければ、先住民のための病院は成立しない。それなのに、もうすでに連邦政府の長を、敵にまわしてしまったような気分だ、と憂鬱そうな声になった。

また、彼女の部族でも、居留地でのカジノ経営に関して、トランプ政権から圧力がかけられるのではないか、との不安の声があがっている。いままでの大統領とは異なり、トランプ政権の誕生によって、先住民の土地や権利が奪われるかもしれない、という二一世紀とは思えないような恐怖すらあるのだ。

居留地のギャンブル

西部劇やメディアの影響によって、大自然のなかで生活しているというイメージがいまだに根強い先住民だが、マルチネスとリディアの発言にもあるように、たくさんの部族がカジノ経営に関わっている。もともと、アメリカ国内では、ネバダ州やニュージャージー州のアトランティック・シティなど、特定の州や地域でしか賭博は合法でなかった。居留地は一般的な市町村とはちがう法体系にあって、部族のカジノ経営を可能にしてきた。

一九七〇年代にフロリダ州のビンゴホールからはじまった居留地での賭博は、一九八八年に「先住民賭博規制法（IGRA）」の制定を受けて、一気に拡大した。この二〇年間で、先住民社会の一番の話題はカジノといっても過言ではないほど、全米各地の部族で賭博関連の事柄が議論されてきた。

全米インディアン賭博委員会(NIGC)によると、現在、二四七もの部族が全米二九州の居留地でカジノの経営に参入し、その施設総数は五二〇を数える(複数の施設を所有する部族もある)。一九九五年の総売上げは五四億四五〇〇万ドル(約五九九〇億円)だったが、二〇一八年には三三七億ドル(約三兆七〇七〇億円)と着実に売上げは上昇している。

カジノ経営によって、雇用機会は増加し、その収益で居留地のインフラ整備や奨学金制度は強化されている。それ以外にも、小学校校舎の新設、言語教育プログラムの発足、伝統儀式の開催などが可能になり、部族文化の活性化につながるケースが多い。

もっとも一口にカジノといっても、街道沿いのガソリンスタンドに建つコンビニエンス・ストアの一室を改装して、数台のスロット・マシーンをおいた簡易なものから、ラスベガスのような、豪華な大型ホテルやショッピング・モールに併設されている施設まで、と幅広い。居留地の立地や集客状況によって、その規模は著しく異なっている。

それでも、巨大な施設を有し、富を得た部族が、経済的に恵まれない部族から畜産物を購入して、カジノのレストランで使用したり、ほかの部族のインフラの整備に、カジノで得た利益を提供することは珍しいことではない。連邦政府の援助が充分でない分、部族同士の助け合いも盛んにおこなわれてきた。

さらに、全米インディアン賭博協会（ＮＩＧＡ）の統計では、二〇一八年に国内全域の先住民カジノがつくりだした雇用は、三〇万件以上。そのうちの七五％は先住民でない人びとが雇用されていて、居留地周辺の地域経済への貢献もかなり大きい。

カジノにたいする批判もあるが、コロンブスによる「新大陸発見」以来、先住民は苦難の道を歩まされてきた。虐殺によって滅亡の危機に追いやられ、植民地主義と熾烈な同化政策にさらされ、言語や伝統文化を奪われた。「開拓者」の暴力の後遺症に苦しみ、深刻なアルコール依存症、それに加えて、八〇％超の失業率を抱える居留地もある。

窮状につけ込まれた居留地には、これまでにウラン採掘場や有害廃棄物処分場など、迷惑施設が押しつけられてきた。だから居留地でのカジノ経営は、いまもつづく人種差別に抗う先住民の、貴重な収入源であり、部族が守り抜いた自治権の象徴でもある。

トランプの「正義」

「あなたは、インディアンだけが居留地をもつことができ、インディアンだけが、賭博を運営できるというのですか？　なぜ全員にそれを許可しないのですか？　なぜ差別をするのですか。なぜインディアンは税金を払わなくて、ほかの人たちはみな払うのですか」

これは一九九三年一〇月五日、連邦下院アメリカ先住民に関する小委員会の公聴会で、カジノ王だった頃のトランプの傍若無人な証言の一部だ。彼はこの席で、カジノを経営する先住民の部族を執拗なまでに非難した。

「ニューヨーク・タイムズ」（一九九三年五月四日）によると、当時トランプは、先住民にカジノの経営を許可するのは自分にたいする逆差別だとして、連邦政府を相手取り、訴訟を起こしていた。

その背景には、彼がニュージャージー州で所有していたカジノ経営の不振があった。一九七六年に同州のアトランティック・シティで賭博が合法化されると、トランプはこの地で、一九八四年からたてつづけに三軒ものカジノ店をオープンさせ、順調にその足場を固めた。

しかし、一九九一年と一九九二年に、そのうちのふたつのカジノが破産する。これにはニューヨーク州を挟んで接するコネチカット州で、先住民ペクォート族が居留地での賭博産業を軌道にのせたことが一因だったといわれている。

先述したように、先住民のカジノ収益は、おもに居留地内の社会福祉事業や伝統文化の維持などを通して部族社会再建のために還元される。トランプが心酔する収奪的な金儲けとは似て非なるものだ。それでも、彼にしてみれば、叩き潰すべきライバル企業でしかなかったのだ。

ヒース・セントジョンは、二〇年以上前のカジノ王の放言と、その鬼気迫る表情をいまも鮮明に記憶している。

「当時トランプは、先住民のカジノが自分の客を奪ったと激怒していた。その報復として、大統領になってからあらゆる手段で先住民に攻撃を仕掛けるかもしれない。彼は他人を搾取して利益をあげるような植民地主義的な発想をもっている。自分が儲けることにしか興味がない」

四〇代の意気軒昂(けんこう)な実業家だったトランプが先住民社会に残したインパクトは大きかった。先住民カジノにまつわる、トランプの「武勇伝」はこれだけではない。

「ワシントン・ポスト」(二〇一六年七月二五日)によれば、二〇〇〇年にニューヨーク州のモホーク族がカジノ建設を計画したときに、トランプのカジノ会社から裏で資金援助を受けた団体が、一〇〇万ドル以上を投じてネガティブ・キャンペーンを展開。同部族が犯罪の温床であり、ギャングが関与していると喧伝(けんでん)した。その信憑性はともかく、このキャンペーンがロビー活動の一環でありながら、報告義務を怠ったとして、トランプは同州ロビー活動委員会から罰金二五万ドルの支払いと謝罪広告を打つことを命じられた。

いっぽうで、その三年前の一九九七年、連邦政府から先住民部族としての承認をもとめていたコネチカット州近郊のパウカトックス族に、トランプは資金を提供した。背景には、承認を獲得したあとに誘致が許可されるカジノの経営に携わり、その利益の一部を得るという取り決めがあった。

さらに、二〇〇二年から二〇〇六年までのあいだ、トランプはカリフォルニア州南部、ロサンゼルスからクルマで二時間ほどの砂漠地帯にある、おもにルイセーニョ族が暮らす居留地（トゥエンティナイン・パームス・バンド・オブ・ミッション・インディアンズ）で、カジノ経営に着手していた。大都市ロサンゼルスからちかくて、大成功していたこのカジノの収益の三〇％がトランプの取り分だった。

ユタ州インディアン局の局長を長年務めた、ユーツ族のフォレスト・カッチはこう分析した。

「トランプは、アトランティック・シティでのカジノの失敗を、すべて先住民のカジノのせいにして倒産した。たしかに、カリフォルニアの居留地のカジノでは利益をあげたかもしれないが、歴史的に、先住民にはかなりネガティブな思いがあって、嫌いなのではないだろうか。彼は一度被害を受けたら、なかなか許さないタイプの人間だ」

トランプは先住民カジノの競争相手であっただけでなく、居留地のカジノの経営者でもあったのだ。この点に鑑みて、リーアン・トールベアーは、トランプは必ずしも先住民のカジノに反対しているわけではない、と考えている。

「彼は欲のかたまりだから、自分のカジノが失敗したとき、これを先住民カジノのせいにして、破産手続きをうまくすすめようとした。でも、彼は必ずしも反先住民カジノの立場ではない。要は、自分が金儲けができればよくて、そのためには、先住民の味方にも敵にもなる」

カリフォルニア大学ロサンゼルス校社会学部教授、タートル・マウンテン・チペワ族のドウエイン・シャンペインは、先住民のカジノにあたえるトランプの影響をこう案じている。
「先住民のカジノは、法律でも認められていて、これまでにカリフォルニア州などでの訴訟事件で先住民部族が勝訴した前例もある。トランプ政権では先住民のカジノを厳しく咎(とが)めないかもしれない。いっぽうで、彼は先住民の自治権に比較的穏健だった多くの前例を変えるために、保守的な裁判官を任命するだろう。おそらくトランプはビジネスマンとして先住民の問題に取り組み、金銭的な条件をつけて最終的に利益を独占してしまうのではないか」

やはり、金が一番の関心事になるようだ。上納金のようなものを支払うことでしか、先住民はトランプ政権と折り合いをつけられないのだろうか。

さらにシャンペインは、トランプは一部の先住民個人の経済状況をよくすることを提案するかもしれないが、彼が先住民の文化や、自治権や領土といった事柄を必ずしも理解しているわけではないと考えている。居留地の生活は連邦政府からの資金援助に大部分を頼っているので、トランプ政権が予算を削減すれば、貧困が深刻化する。

そうなれば、人びとは仕事をもとめて都市部への移住を余儀なくされ、アメリカの主流文化に取り込まれる。ただでさえ減少傾向にある居留地の人口はさらに縮小し、部族社会が崩壊する恐れがあると懸念しているのだ。

トランプと先住民の自治権。元カジノ王のトランプと先住民の居留地。一見、まったく関係がないことのようにも思えるが、ある意味、これほどまでに先住民との関わりが深い大統領はいなかったかもしれない。

このことをヒース・セントジョンは、べつの意味で注視している。

「これまでの大統領とは異なり、トランプは先住民の諸権利や、豊富な資源のある居留地の可能性を熟知している。そのうえで、どんな突拍子もないことをいいだすのかわからない、という予測不可能な怖さがある」

「よいインディアン」

「この国の大統領は確固たる信念をもって、暴言を吐いているわけではない」

ネズ・パース族のジョサイア・ブラックイーグル・ピンカムも、トランプは必ずしも反先住民でも、反マイノリティでもなく、ただたんに自分の利益になる人を好み、不利益をもたらす人を貶(けな)しているだけだといい切る。

そんなトランプが好む単純な図式のなかで、彼に気に入られようと媚びへつらう先住民の部族政府やマイノリティの団体が出てきてもおかしくない、というのが、ピンカムが不安視していることだ。そうなると、先住民の伝統を守る云々(うんぬん)とか、環境を保護するという議論にならなくなってしまう。

「わたしの部族もカジノ経営に力を入れているので、トランプの発言は他人事ではない。彼の商売敵になったコネチカット州の部族は、目の敵にされたが、彼を儲けさせたカリフォルニアの部族は好まれた。それはこれまでの先住民と連邦政府の関係とさほどちがっていない。いままでも先住民は、つねに中央の利益を生む役割を押しつけられてきた。たとえば、居留地に資源が見つかれば、安く買い叩かれて搾取された」

それでは歴史的にみて、白人にとって、よい先住民とは誰のことを指すのだろうか。対先住民戦争で指揮をとって名を馳せ、アメリカ陸軍元帥にまでのぼりつめた、フィリップ・シェリダン（一八三一〜八八）はこんな言葉を残している。

「よいインディアンは、死んだインディアンだけ」

先住民にとって悪い時代が再来したようだ。ピンカムは個々の部族にたいする弾圧の歴史について、きちんと把握しなければならない、と力をこめて語った。

サバイバル

「カジノは先住民が生きていく、サバイバルのための手段だ。凄惨な歴史を生き抜いた我々はサバイバーだ。だから、何があっても、カジノとともに生き残る」

トランプが大統領になる三年前、二〇一四年にサウス・ダコタ州のフランドロー・サンテ・

ロン・ギルバート

スー族が居留地で運営する、ローヤル・リバー・カジノで重役秘書を務める、ダコタ族のロン・ギルバートはそう断言した。

　彼もまた、一九九〇年代はじめにトランプに激しく非難された、コネチカット州でペクォートが運営するフォックスウッズ・リゾート・カジノを例にだして、こうつづけた。

「あれだけ批判の嵐を受けながらも、コネチカット州の部族はカジノを守り抜くことができた。先住民がいる以上、カジノは発展する。誰がどんな妨害をしても、いかなる障害があっても、自治権を行使して必ず対抗する」

　二〇年以上も前に、トランプが先住民カジノを攻撃したことは、いまも先住民社会、とくにカジノや経済開発に携わる人たちにとっては、脅威として語り草になっている。それほどあからさまに先住民のカジノと部族の自治権を攻撃した人物はほかにいなかったからだ。

フランドロー・サンテ・スー族の居留地では、現在、部族人口のおよそ半分にあたる、約四〇〇人が暮らしている。カジノがなければ、居留地の人口はもっと減っていたかもしれない。ギャンブルによって雇用機会がうまれ、都市部への人口流出を食い止めている。

州最大の都市、ミネアポリスからクルマでおよそ四時間、辺境のちいさな部族にとってのカジノは、絶やしてはならない希望の光なのだ。

カジノの挑戦

一九九〇年にフランドロー・サンテ・スー族は、ローヤル・リバー・カジノをオープンした。現在四〇七台のスロット・マシーンがあるが、これからさらに一〇〇〇台に増やしていきたい、と同カジノに二五年以上にわたって勤務してきたギルバートの鼻息は荒い。おもな職務は、雇用関連の申請書などの処理業務だ。

一方で、もともと六〇〇人の従業員がいたが、賭博業はリーマンショックなど景気の影響を受けやすく、現在は三〇〇人に減っている。そのうちの三〇~四〇%が先住民だ。この地域では、部族政府が最大の雇用主だが、伝統文化と噛み合っていない部分もある、とギルバートは指摘する。

フランドロー・サンテ・スー族のローヤル・リバー・カジノ

「せっかく雇っても、無断欠勤を繰りかえしたり、仕事に来なくなってしまったりする部族の若者があとを絶たない。チャンスがあっても、まじめに働こうとしない。もともと狩猟民族だったから、おなじ場所に毎日通ったり、財産を所有する欲がなかったり、理由はいろいろある。部族文化は基本的に物質主義(マテリアリズム)とは真逆の思想だから、なかなか稼ごうという気持ちにならない」

単純にいえば、獲物の群れを追い、まわりと力を合わせて狩りをして、獲物を仕留めて、みんなで分ける。そのような伝統を代々受け継いできた人たちに、毎日カジノに通勤して、家族を養うために仕事しろ、といってもなかなかピンとこないというのだ。

また、賭博というビジネスの性質上、カジノには、いい面もあれば悪い面もある。ギルバートは、窃盗の横行や偽札の使用、スロット・マシーンへの不正行為などに頭を悩ませている。

これまで同カジノでは、アメリカ国内ばかりか、メキシコ、タイ、フィリピンなどの国々からの犯罪組織のメンバーが逮捕されている。さらに、カジノの敷地内で、ちかくの街からやってきた白人の売春婦が徘徊(はいかい)したりする。彼の話をきく二ヶ月前にも、売春婦の逮捕があったが、インターネットで客引きする人もいて、なかなか捜査の手がおよばない。

防犯対策として、カジノには四〇〇台もの監視カメラを設置していて、客が駐車場にクルマを停(と)めてから、カジノをあとにするまで、すべて撮影されている。かつては、狩猟部族がバッファローの群れを追った見渡す限りの大平原。いまでも周囲は牧草地帯で、たくさんの牛が放牧されている。外からはのんびりして見える居留地には似つかわしくない、ピリっとした雰囲気がカジノを覆っている。

もともと居留地には、アルコールとドラッグの問題があった。が、いまではギャンブル依存症が深刻化している。更生施設がないという切実な問題もある。

時の運で瞬時に決着がつくギャンブルと、先祖とのつながりを重んじ、長い年月をかけて形成された先住民文化。ビジネスと伝統のバランスを保ちながら、何を次世代に残すのかが問われている。

ギルバートに話をきいたとき、ちょうどキンバリー・トールベアーの甥（おい）、一六歳のタナー・トールベアーが、長年暮らしたロサンゼルスから、母親の家族が住むフランドロー・サンテ・スー居留地に引っ越したところだった。

飛行機で到着した二日後、大都市から居留地に来て、一番驚いたことは何か、と彼に尋ねると、すこし考えてから、短くこう発した。

「貧困」

高校生の目に飛び込んできた居留地の現実は衝撃的だった。

「一セントももっていない人がまわりにたくさんいる。それと、朝から何もやることがない。近所にはアルコール依存症の人がわんさかいる」

フランドロー・サンテ・スー族が居留地のサバイバルにむけた挑戦は、これからもつづく。

3　破壊される大地

居留地の環境問題

大統領選挙がおこなわれた二〇一六年、先住民社会でもっとも注目を集めた環境問題は、アメリカ中西部にひろがる平原部を貫く、全長一八八六キロメートルにもおよぶ、巨大なパイプライン（ダコタ・アクセス・パイプライン）の建設事業だ。

この計画によってスタンディング・ロック・スー族居留地の貴重な水源や、先祖から受け継いだ神聖な遺跡がある地域に、深刻な環境破壊をもたらすと恐れられている。

二〇一六年の夏から、全米の先住民をはじめ黒人の人権活動家グループ（ブラック・ライブズ・マター）や環境保護活動家、退役軍人などがパイプライン建設予定地に集結した。大規模なデモを展開し、警備隊と激しく衝突。これまでに多数の負傷者と五七五人もの逮捕者をだした（CBS NEWS二〇一六年一一月三〇日）。

この模様はソーシャル・メディアなどによって拡散し、世界中の関心を集めた。

拡大する抗議行動を受けて、二〇一六年一二月四日、任期終了前のオバマ政権下、米国陸軍工兵司令部は、当初のパイプライン建設ルートを見直すことを発表した。大地と生きる先住民の勝利とみなすこともできるが、当時からキンバリー・トールベアーは安堵できないと心配そうだった。

「先住民がもつ土地や自然環境への思いは特別なもので、トランプはそれを理解していない。彼はただ開発を推進したがるだけだから、パイプラインの計画は元の案にもどされるかもしれないし、あらゆる資源開発がすすめられて、居留地の環境が破壊される危うさがある」

先述の社会学者シャンペインも、トランプが環境保護のプログラムを敵視し、これまで気候変動を否定してきた、オクラホマ州司法長官のスコット・プルイットを、環境保護庁長官に任命したことを懸念していた。パイプライン建設の再開だけでなく、先住民社会の環境は、悪化の一途をたどる可能性がある。もしもトランプが反環境保護的な政策を議会で通過させれば、先住民社会だけでなく、全世界に悪影響を及ぼす事態になる。

彼らが抱いていた不安は的中した。二〇一七年一月二四日、大統領就任後まもないトランプは、前政権によるダコタ・アクセス・パイプラインの建設見直し政策を撤回した。就任したおなじ月に、これほど早いタイミングで工事再開を宣言したのを見ると、トランプ政権にとって、この計画がいかに重要だったかがわかる。

キンバリー・トールベアーは、この決定に驚かなかった。

「大統領になる前から、あれだけひどい発言を繰りかえしてきたトランプなら、工事再開も不思議はない。ただ、大地にへばりつきながら反対してきた先住民の気持ちはないがしろにされた。これからトランプ政権で、どれだけひどいことが起こるのか、容易に想像できる」

彼女は、オバマ政権も最初はパイプライン計画の見直しに及び腰だったと嘆いた。彼がもっと早く計画を見直していれば状況は変わったかもしれない。先住民社会では比較的評判のいいオバマだが、環境問題のみならず、もっと先住民のためにできたのではないか、という批判もある。ただ、トランプ政権が放つ不気味な力は、これとはくらべものにならないほどの不安をあたえている。

居留地の私有地化

過去に白人が価値のない荒地と判断し、先住民を強制的に住まわせた、とのイメージが強い居留地だったが、実は豊富な資源があり、これまでも注目を集めてきた。二〇一六年一二月五日、ロイター通信は、先住民の居留地はアメリカ全土の二%を占めるに過ぎないが、全米のおよそ五分の一の石油と天然ガス、それに加えて膨大な石炭が埋蔵されている可能性がある、と報じている。

先住民の天然資源にいち早く白羽の矢を立てたのは、大統領選挙に勝利して間もない就任前のトランプ次期大統領の先住民に関する問題の顧問団だった。トランプ政権発足後、資源採掘の規制を緩めるために、居留地の一部を民営化していく方針だ、という。部族の土地を民営化する利点は、より自由な資源開発が可能になることを意味する。

フォレスト・カッチが暮らすユタ州北東部、ユインタ・アンド・オウレイ・インディアン居留地は、石油と天然ガスの採掘がおもな収入源だ。彼は、連邦政府の管轄下にある居留地が部分的に民営化されれば、居留地を失うことにつながるばかりか、資源が乱掘されて環境にダメージをあたえる、と強く反対している。

「居留地を民営化すれば、個人所有となった土地には多額の税金がかけられる。支払いが滞れば、先住民は土地を失い、大資本に吸収される。また、掘削に関する規制を緩和すれば、儲け優先で地面を掘り起こし、神聖な大地に深刻な環境破壊を招く。トランプが居留地の石油に目をつけてくるかもしれない。これからは、かなり教育を受けて、お金をうまく流通させる部族でないと、トランプ政権に食い物にされてしまう」

過去に、先住民は居留地を民営化したことで、民族の存亡の危機に直面した苦い記憶がある。第二次世界大戦後、経費削減のために、部族数と先住民の人口を減らそうと目論んだ連邦政府は、職業訓練や就業支援、インフラの整備などと引き換えに、部族を解体し、先住民から諸権利を剝奪する「インディアン終結政策」を押しつけた。

これに応じた一部の部族は、居留地の土地を部族員で分け、個人の財産にして、農業などを推奨した。しかし、大半の土地は荒れ果てていて、農業にはむかなかった。それでも、個人所有の土地が課税対象になったばかりでなく、職業訓練や就業支援も滞ったため、金策が尽きて二束三文で土地を手放す人びとが続出した。

こうして、一〇〇以上の部族および部族コミュニティが滅亡し、一万二〇〇〇人以上が先住民として生活する法的な資格を失った。

「トランプはいろいろな理由にかこつけて、部族を解体し、先住民を追っ払おうとするかもしれない。『終結政策』は先住民から先住民として生きるために必要な権利を奪い、マイノリティに仕立てあげて、その存在と歴史を抹消し、土地を騙し取った。ただこのときは、職業訓練やインフラの整備という実現しなかった大義があったが、トランプは先住民から利益をむさぼるだけで、何も残さないだろう」

とはセントジョンの意見だ。彼は公民権運動を経て五〇年以上経ったこの時代に、どうして差別的な白人男性が大統領になれるのか、アメリカは歴史から何を学んできたのか、と憤っている。

大地の傷

二〇一三年の夏、わたしはダコタ族のスピリチュアル・リーダー（呪術師もしくは祈祷師）、レイモンド・オーウェンをミネソタ州のプレイリー・アイランド・インディアン・コミュニティ居留地に訪ねた。トランプ大統領が誕生する四年前だったが、彼は将来的な環境破壊について、はっきりと警告していた。

「人間が欲望のままに、大地を傷つけていくならばどうなるのか。先祖が残した大地は原形を失い、穴ぼこだらけになってしまう。外から来た人たちが欲しいものをとり上げる。そのあと

レイモンド・オーウェン

先住民は、その穴と向き合い、大地を守れなかったという罪悪感を感じながら、暮らさなくてはいけない」

　この地域で、シェールガスの採掘が盛んになった二〇〇〇年代から、彼のおそれは現実のものとなる。掘削作業は、先祖から受け継いだ大地に傷をつけ、過去と現代のつながりを破壊した。

　オーウェンの住む居留地は、ミシシッピー川の上流、スタージョン湖に浮かぶちいさな島、プレイリー・アイランドの一部に位置する。その島の面積のおよそ半分は、一九七三年に操業がはじまった原子力発電所に占拠されている。彼の家から発電所までは、およそ二キロ。

「自分たちは居留地で生活していたいだけだ。それなのに、いきなり原発が建てられた。フクシマで起こったことは、他人事ではない」

ドロシー・サンダー

とオーウェンは険しい顔になった。

クリー族のドロシー・サンダーは、傷つけられる大地と共に生きる先住民の気持ちをこう語った。

「子どもの頃から、部族の長老たちは、将来、土のなかを蛇が這いずりまわると語っていた。何十年も経って、それがパイプラインの建設や石油の掘削でできる穴、さらには油の流出で起こる汚染を意味していることに気づいた。大地に生き、精神世界とつながってきた民たちは、政府が何をやるのか見抜いていた。人類が引き起こす破壊について警告してきたが、金に目が眩んだ人たちは、きこうとしなかった」

このまま大地に生きる民の警告を無視し、破壊がつづけば、どんな世界が待ち受けているのだろうか。

「大切なものがすべてなくなったあとの世界。破壊と日々直面するのは、その原因をつくった政治家ではなくて、大地に生きる先住民だ。そして、やがて人類全員に影響していく」

とサンダーは悲しそうな瞳になった。

コロラド州デンバーにある国際先住民資源管理研究所の所長、マービン・タノは、トランプがダコタ・アクセス・パイプラインの工事の再開を決定したことについて、ここからどう部族社会が動いていくかが問われていると話した。

これまでも先住民の居留地は、豊富な資源に目をつけられて、開発の犠牲になってきた。にもかかわらず、企業や国は先住民から資源を奪うだけで、奨学金を支給したり、居留地に研究所を建設したりといった、一緒に作業をする礎をつくってこなかった。かねてからタノは、一日も早く部族から有能な政治家と科学者を輩出して、伝統文化を反映させた資源開発実施の必要性を唱えてきた。力のこもった声で、彼はこう断言した。

「一度でも大地を傷つければ、元にはもどらない。パイプライン建設は居留地の環境に多大な影響をおよぼすのに、昔からその地域に暮らす先住民や部族政府の声は無視されたまま、建設がすすんでいる。いつの時代も先住民は環境汚染のリスクと隣り合わせなのだから、それに見合った補償や賠償を得るよう、企業や政府と交渉する政治力をつけて、これ以上の略奪を阻止しなくてはならない」

原子力開発と先住民

トランプが就任早々、ダコタ・アクセス・パイプラインの建設を再開する決断をしたニュースを耳にしたとき、わたしは先住民社会をなんどとなく襲った「エコサイド」が現実になるのではないか、環境破壊によって生態系や人びとの生活、健康や伝統文化が破壊されていくのでは、と強い危機感を抱いた。

マービン・タノが指摘するように、歴史的に、先住民の居留地はウランや石炭など、天然資源に恵まれている。しかしながら、外から来た人たちに土地を破壊されて、それに値する利益や補償を得ないできた。とくに核開発は先住民とは切っても切れない関係にある。

冷戦期間を含めて、合計九二八回もの核実験が行われたネバダ実験場は、もともとウェスタン・ショショーニ族の領土で、サザン・パイユート族の生活圏と隣接していた。現在も付近には両部族の居留地がある。

また、核開発になくてはならない原料であるウランの採掘は、おもにニューメキシコ州やアリゾナ州などの先住民の大地でおこなわれてきた。ニューメキシコ大学のジョーニー・ルイスらの研究によると、アメリカの西部には四〇〇〇以上ものウラン鉱山跡地があり、ナバホ族居留地だけでも、その数は五二〇にものぼる。さらに、およそ六〇万人の先住民が跡地から一〇キロ未満の場所で生活しているという。

一九七九年七月一六日、およそ一〇〇〇トンものウラン鉱滓が、ダムの決壊によってリトル・コロラド川の支流のリオ・プエルコ川に流れ込むという大惨事が発生した。この川はナバホ族居留地の貴重な水源だったが、許容量の六〇〇〇倍もの放射能が検出された地域もあり、たくさんの人たちが移住を余儀なくされる事態に陥った。まさに大地にたくさんの穴をあけたまま、企業は撤退した。

ウラン採掘はナバホ族の居留地だけでなく、ラグーナ・プエブロ族やワシントン州のスポケーン族居留地など、たくさんの居留地ですすめられ、深刻な環境破壊を招いた。放射能に関する危険性を知らされないまま、防護服も着用しないで、安価な賃金で採掘に従事させられた、たくさんの先住民の元坑夫たちが、いまも後遺症に苦しんでいる。

広島と長崎に投下された原爆をつくった、ロスアラモス国立研究所は、第二次大戦中にプエブロ族の聖地に建てられた。いまも部外者の立ち入りが制限されている。これまで同研究所は、周辺に点在するプエブロ系部族の人たちに肉体労働やメイドといった雇用機会を提供してきたが、危険な実験をつづける研究所に大地を奪われて、複雑な思いを抱いている先住民は多い。

乱開発によって環境が破壊された居留地に住みながらも、適切な補償を得られずに、いまだに貧困にあえいでいる人たちは少なくない。マービン・タノは激しい口調でこういった。

「先住民は健康と環境を犠牲にしてきたが、いまだに高い失業率と貧困率に苦しんでいる。これも植民地主義の名残りだ」

トランプ政権下、先住民がこれ以上搾取されないためにはどうすればいいのか。タノに尋ねると、力強い言葉が返ってきた。

「部族内の強力なリーダーシップ、そのリーダーを支援する部族の団結力、そして、そこでうまれる部族の将来性を示す理想だ。まずは部族をまとめて、大きな力をつけていくしかない」

4 抵抗の意思表示

反対運動が残したもの

「トランプ政権下で、居留地およびその周辺で、これだけ大規模な反対運動がうまれたことは、未来の希望だ。この運動の経験を軸に、反トランプで人びとはつながって、先住民社会でこれからもっと大きな運動が巻き起こる可能性がある」

キンバリー・トールベアーは、ダコタ・アクセス・パイプラインへの反対運動が、先住民ではない人びとも巻き込んだ、全国的な規模に発展したことは、アメリカ社会の可能性を示していると感じている。

パイプライン建設の現場から約一五〇〇キロ離れた、ユタ州のフォレスト・カッチの部族からも、反対運動に参加した人たちがいる。カッチはそれを誇りに感じる反面、気がかりなことがある。

「オバマ政権が築いた、先住民の声に耳を傾け、環境を守っていこうとする姿勢を、トランプは引き継ぐべきだ。居留地の人たちがヒラリーに投票したのは、トランプがこれまでの流れをすべて断ち切ってしまうのではないか、という不安を感じたからだ。いまも戦々恐々としている」

二〇一六年一二月、任期終了間近のオバマ政権が、ユタ州南部、いくつもの先住民の遺跡が残る一三五万エーカーもの広大な地域を「ベアーズ・イヤーズ国定史跡」に認定した。地元の先住民の多くは、この英断を歓迎し、オバマは高い評価を得た。

いっぽうで、共和党が圧倒的に強い同州には、国定史跡の認定が、資源開発などの民間利用の制限につながりかねないため、この決断に異議を唱える人が少なくなかった。

カッチはトランプ政権が誕生してすぐの頃、この国定史跡の認定が撤回される、もしくは史跡が縮小されるのではないかと懸念していた。カッチの予測通りに、翌二〇一七年一二月、トランプはベアーズ・イヤーズ国定史跡を、一五%に縮小すると決定した。あっという間の政策変更だった。この結果、約一一五万エーカーもの土地が、国定史跡から取り除かれることになった。

カッチは覚悟を決めたようにこういった。

「首都の政治家たちの勝手な決断が、『辺境』の先住民の生活や精神世界に大きな影響をおよぼすのは納得いかない。先住民同士で団結していくしかない」

二大政党の連盟

バージニア大学で教鞭を執る地理学者、デイビッド・エドモンズは、居留地を取り巻く人種間の対立問題を指摘する。彼が以前環境部長を務めていたカリフォルニア州のピノルビル・ポモ族の居留地では、二〇〇〇年代にカジノを建設するという話がもちあがった。しかし、居留地と隣接する、人口およそ一万六〇〇〇人の町、ユカイヤでの住民から猛反対にあった。

「民主党などのリベラル層は、環境や治安が悪くなるので、部族がカジノを誘致することに否定的だった。共和党などの保守層は、先住民が金を儲けて、自分たちよりも潤うのが嫌なので猛烈に反発した」

最終的には、居留地のカジノ建設計画は資金繰りの問題などで頓挫した。しかし、部族政府が居留地周辺の道路工事をすすめるだけで、カジノを建設するのでは、と周辺に住む両党の支持者が部族に問い合わせをしてきた。共通の標的が設定されれば、トランプの差別的な発言が、政党や人種を超えて増殖していく可能性は十分にある。

しかしエドモンズもまた、サウス・ダコタ州のパイプラインの反対運動に市民運動の可能性を見たという。

「大都市から離れた居留地の環境問題は、部族や人種のちがいを超えて、大きな運動になった。パイプラインの建設予定地から遠く離れたバージニア大学でもデモが起こり、現場にいけなかった学生や若い人たちが参加した。脅威が大きいほど、人びとのつながりはひろがっていく」

リーアン・トールベアーは、トランプ政権下でもやるべきことは、まだまだたくさん残っている、と諭すような口調で語った。

「先住民がもつ土地や自然環境への思いは、特別なものだ。それを理解してもらうのは、本当に難しい。トランプの性格からして、先住民が交渉できるような相手ではない。だからこそ団結して闘うしかない。部族の文化と土地は自分たちで守るしかない」

ニューメキシコ州のプエブロ居留地で、トランプ政権下にひろがる目に見えない恐怖を感じているというサンドラ・マルチネスは、インタビューの最後に落ち着いた声でこう発した。

「これからトランプが何をするのか、じっと見届けていく」

そのあと、数秒の沈黙が流れた。一〇代の頃に彼女と知り合い、居留地で一緒に時間を過ごしてきたが、このように厳しい彼女の声をきいたのははじめてだった。これはただたんに、「行動を監視する」という意味ではない。

先祖から受け継いだすべての魂を込めて、どんな状況も耐え凌ぎ、いま起きていることをきちんと記憶して、つぎの世代に伝えていく。それが苦難の道を生き延びてきた、先住民の抵抗の意思表示だ。

「じっと見つめている」

彼女は繰りかえしていった。

5　引き裂かれる民

大地への暴力

「いままで先住民は白人がつくった国境によって分断されてきた。トランプは国境に壁をつくって、先住民だけではなく移民も苦しめようとしている。歴史的にアメリカ政府は、先住民を大地から引き剝がし、子どもたちを寄宿学校に送って家族と伝統文化を破壊し、尊厳をも奪ってきた。いまではメキシコ方面からやってくる移民の家族を引き裂いている。なんの反省もな

ジョアン・カレン

いまま、歴史は繰りかえされる」

ニューメキシコ州北部、ポアケ・プエブロ族のバッファロー・サンダー・カジノで、ブラック・ジャックのディーラーをしている、オケ・オウェンゲ族ジョアン・カレンは憮然(ぶぜん)とした表情で語った。彼女の父方の部族、フォート・ユマ・ケチャン族はカリフォルニア州南東部、メキシコと国境を接するところに居留地がある。

「トランプは、我々が先祖から受け継いだ土地に、勝手に壁をつくろうとしている。神聖な大地で、生きるために国境を越えてくる移民を弾圧すれば、先祖は悲しむ」

もともとフォート・ユマ・ケチャン族は、カリフォルニア州南東部やアリゾナ州南西部、メキシコ北部のひろい範囲を生活圏にしていた。一八五三年にメキシコからアメリカにアリゾナ州南部とニューメキシコ州南部が割譲された「ガズデン購入」のときにフォート・ユマ・ケチャン族の大地は勝手に引かれた国境によって分断されて、たくさんの家族が離れ離れになったまま、現在に至っている。また、部族の信仰に欠かせない聖地の一部も国境の南に位置していて、アメリカ側だけでは伝統的な部族の暮らしは成り立たないといっても過言ではない。

「ザ・ガーディアン」(二〇一八年一〇月二五日)によれば、二〇〇〇年に非合法移民として国境を通過して、国境警備隊に身柄を拘束された人は一六〇万人にものぼった。ひとりの人がなんども捕まることを考えても、莫大(ばくだい)な数だ。

翌年は一三〇万人。依然として高い数字だが、二〇一二年以降は年間三五万人から五〇万人を推移していて、二〇一七年はおよそ三一万人だった。減少した理由は、アメリカ国内が不景気で仕事が減ったことと、トランプによって厳格化した国境警備があげられる。

ジョアン・カレンが住むニューメキシコ州北部、オケ・オウェンゲ族居留地の隣町、エスパニョーラは街道筋にある鄙(ひな)びた町だが、メキシコのギャングが拠点をつくり、ギャンブルで潤った部族に、ドラッグを流入させたといわれてきた。メキシコ国境からクルマでおよそ六時間、ここでも、メキシコからの移民にたいする反感が芽生えている。

現在、カレンが働くカジノは、観光地サンタ・フェにちかく、ハイウェイ沿いに位置していて、景気がいい。そのこともあって、ほかの部族の先住民をはじめとして、近郊に住むスパニッシュ系や白人、メキシコ人も仕事をもとめてやってくる。「辺境」の人種模様は多様化した。

それでも大半の居留地では、仕事が不足しているという現実がある。だから、不景気になったときには、移民たちに自分の仕事が奪われるのではないか、という恐怖が先住民には根強い。

「カジノで働く先住民のなかにも、トランプ支持者がいる。貧しい時代の居留地を知っている世代は、いつまた仕事がなかったあの時代にもどるかと心配になる。だから、トランプがつくろうとしている壁や過激な発言が、心に響くのかもしれない」

トランプの「アメリカをもう一度偉大に」というスローガンは、最近になってやっと安定した雇用機会を手にいれることができた先住民には、当てはまらないと思っていた。居留地に住む人たちにとっては、「もう一度」といっても、過去に「偉大」なときがなかったからだ。

「ここ二〇年、カジノの影響で景気はよくなり、仕事もふえた。それなのにトランプの出現で混乱している。彼の『偉大』とは、平気で弱者から幸せを奪える人たちだけが経験できるものなのに、なぜ一部の先住民が惹きつけられるのだろうか」

とカレンの姉で地元で美容師をしているベティ・マルチネスは悲しそうに言葉を継いだ。

それでも希望がないわけではない。プエブロ族には、お金をだし合って遠く離れたサウス・ダコタ州に向かい、パイプラインの反対運動に参加した人たちが少なからずいる、とカレンは明るい声になった。カレンもパイプライン反対運動に触発されたひとりである。

「自分たちの生活だって楽ではないのに、一緒に声をあげ、助け合う文化がある。歴史的にも、先住民はどんなに離れた地域に住んでいても、みんなで協力し合ってきた。どんなときにでも、大地を守るために団結するのが先住民だという。トランプがどんなに高い壁をつくっても、先住民の大地はつながっている。もしも、そのつながりを断とうとすれば、わたしたちの抵抗はさらに強くなる」

壁が遮るもの

国境による分断は、ほかの部族も経験している。

アリゾナ州南部の国境地帯に住むトホノ・オーダム族の居留地の南端は、およそ一二〇キロにわたってメキシコ国境と接しているために、日常的に、非合法移民が居留地を通過して行く。周辺砂漠地帯で脱水症状になって命を落とす移民も少なくない。

この居留地にいくたびに、国境警備が厳しさを増しているのがよくわかる。まるで国境警備隊によって、部族が引き裂かれているようだ。

居留地のなかを、ものものしい国境警備隊の車両が頻繁に行き交い、空からはドローンが見張っている。いたるところに検問があって、居留地は二四時間、完全監視体制のもとにある。

国境地帯はメキシコのドラッグ密売組織、カルテルの縄張りになっていて、治安の悪化が問

マイク・ウィルソン

題視される。カルテルのドラッグ売買の規模は大きく、アメリカ国内で一九〇億ドルから二九〇億ドルの売り上げを記録している（CNN　二〇一八年六月九日）。

居留地も麻薬密輸のルートになっていて、報酬目的に部族メンバーも関わっている。通学中の児童が居留地を徒歩で縦断する移民とすれ違ったり、空き家に移民が一時的に滞在したりすることは珍しいことではない。

マイク・ウィルソンは移民のために、長い間、人道支援の一環として、砂漠に水や物資を置く活動を行ってきた。彼はつぎのように語った。

「あまりに警備が厳重で、戦場にいるような気分だ。部族の生活圏に国境が引かれて、南側にいる人たちはメキシコ先住民になってしまった。そのことよりも、彼らが自由に行き来できないこと、家族同士が会えないことが問題だ。人道的な支援として水を置いているだけなのに、ドラッグの密売を支援していると、勘違いされている」

ウィルソンにとって辛いのは、せっかく砂漠に置いた水の容器を、破壊する人たちがあとを絶たないことだ。移民が居留地にやってくることに嫌悪感を示し、彼の活動に反対する人は居留地のなかにも多い。いっぽうで、現在の部族政府は、トランプが国境に壁を建設することには反対している。

二〇一九年一月二三日にナショナル・パブリック・ラジオのインタビューに答えた同部族のバーロン・ホセ副部族長は、非合法移民の対策として「壁は答えにならない」と断言した。現在も、およそ二〇〇〇人がメキシコ側に住んでいる。部族にしてみれば、人の家に勝手に壁をつくることだと主張した。

モハベ族のマリエッタ・パッチは、たくさんの先住民部族が伝統を紡いできた大地を壁で分断することに怒りを感じている。

「壁の建設は、国境地帯にいるすべての先住民に何の相談もなく勝手にすべきではないし、北米だけでなく中南米に暮らす先住民にも影響する問題なのに、移民問題だけに焦点が絞られている」

モハベ族も昔からメキシコ国境の南に位置する部族と交易をしてきた。以前は、アメリカ側とメキシコ側、双方の先住民が身分証明書を提示すれば、比較的自由に行き来ができたが、とくに9・11以降は、テロリスト対策の一環で、警備は厳重化している。また、この国境地帯に点在する居留地に暮らす先住民が非合法移民とまちがえられて、国境警備隊に拘束される事件が多発している。マリエッタにとっても、国境付近は緊張を強いられる。

「あとからやってきた白人が、この地にずっと住んできた先住民に、非合法移民の容疑をかけるのは、侮辱以外のなにものでもない。先住民にしてみれば、白人こそが非合法移民だ」

右傾化する先住民

前述したように、もともと先住民にはリベラルな民主党支持者が多かった。その反面、わたしは、ここ三〇年ちかく部族社会を見てきて、トランプ政権誕生以前から、確固とした保守勢力が、居留地の政治に影響をあたえてきたように感じている。

もともと失業率の高い居留地では、軍隊に志願する若者が少なくない。大学にいくために、軍隊に一定期間勤めて、奨学金を得る人もいる。身内のひとりが入隊すれば、アメリカの軍隊が海外でしていることを声高に批判しにくい雰囲気がうまれる。

歴史的に見ても、先住民は軍隊に利用されるケースが多かった。「ハフィントン・ポスト」(二〇一五年五月二二日)によると、これまで先住民は、そのほかのどの民族グループよりも、高い割合で軍役に従事してきたという。

まだ先住民がアメリカ市民として認められていなかった、第一次世界大戦中でも、実は一万二〇〇〇人の先住民が戦闘員になった。第二次世界大戦中は、先住民の全人口三五万人のうち、四万四〇〇〇人が軍役に就いた（「インディアン・カントリー・トゥデイ」二〇一二年五月二八日）。

なお、第二次世界大戦中、ナバホ族の人たちが、部族の言語ディネ語で暗号を作成。通信兵として硫黄島（いおうとう）やサイパン島で対日本軍との激戦に従軍、勝利に導いたのは有名な話だ。ナバホ族だけでなく、コマンチ族やモホーク族なども暗号を作成し、アメリカ軍に貢献した。

二〇一二年にアメリカ退役軍人省が発表した資料によると、ベトナム戦争では四万二〇〇〇人の先住民が戦地に赴いたが、彼らの実に九〇％が志願兵だった。さらに、スミソニアン協会のオンライン・ジャーナル「スミソニアン・コム」（二〇一七年八月九日）によると、今日三万一〇〇〇人の先住民が、海外での軍務に就いていて、一四万人にものぼる退役軍人がいる。9・11のテロ以降も、先住民はほかのどの人種とくらべても、一番高い割合で、軍隊に属していることになる。

モハベ族の元部族長で、第二次大戦の退役軍人でもあるルエリン・バラックマンによれば、先住民が軍隊に志願する理由として、一九世紀にすすめられた同化政策での寄宿学校制度が、大きく影響している、という。第Ⅰ章でも触れたように、インディアン局の職員によって先住民の子どもは強制的に寄宿学校にいれられ、それぞれの言語や文化は否定された。さらに男は農夫に、女は家政婦になるべく教育を受けさせられたのである。

一八七九年に設立された寄宿学校であるカーライル・インディアン工業学校の創立者は、対先住民戦争では名を馳せた、元アメリカ軍准将のリチャード・ヘンリー・プラットだった。彼はインディアン学校の教育目標のひとつとして「インディアンを殺して、人間を救え」という言葉を残している。

先住民研究の専門家、アンドレア・スミスによれば、一九〇九年までのあいだに、居留地内に一五七校、居留地外に二五校もの寄宿学校と三〇七の通学生の学校が建設された。多くの寄宿学校で、多数の児童が体罰や性的な虐待の標的にされただけでなく、栄養不足や医療不足などが原因で命を落とした。合計で、一〇万人以上の子どもたちが寄宿学校に連れて行かれて、個人の内面にある先住民性を殺して、白人に仕立てる教育が実践された。

バラックマンは、寄宿学校での軍隊式のスパルタ教育で、白人がつくった国家に忠誠を尽くすことを徹底的に仕込まれた。自分の世代がひたすら耐えて、アメリカに尽くせば、自分の子どもの世代はアメリカ社会から認めてもらえるのではないか、という淡い期待があったのだ。また、先住民社会では、アメリカのために戦地に赴くことは、先祖が残した大地を守ることと解釈する人も多かった。

二〇〇一年九月一一日、モハベ族のマイケル・ソーシは、テロリストに乗っとられた飛行機がワールドトレードセンタービルに突っ込んだテレビの映像を見て、軍隊に志願して祖国のために戦おうと決心した。だが、時間を追うごとに、イスラム教徒への激しい弾圧は、先住民の迫害の歴史そのものだ、と気づいて思い直したという。一時的とはいえ、そのようなゆがんだ思考に走った自分が信じられないと語っていた。

「先住民は非戦と思われがちだが、ほかの部族や白人との戦争の歴史を経験してきた側面もある。居留地には退役軍人がいて、昔から軍隊は身近な存在だった。差別された経験のある人は、ちょっとしたきっかけで、その国のマジョリティよりも強く過激に愛国心を抱く。命をかけて国に貢献すれば、自分だけでなく自分の部族も、白人のようにマジョリティになれるという幻想を抱いてしまう」

6 去って行く先住民

おなじ空の下で

二〇一七年六月下旬、カナダのバンクーバーで「アメリカ先住民学会」の年次大会が開催された。世界各地から先住民の研究者が一堂に会する学会で、わたしも核開発によって環境を破壊された部族に関する調査の報告のために出席した。

学会の期間中に、先住民の女性のセクシュアリティをテーマにしたイベント「ティピ（狩猟部族のテント式の住居）での告白」を、キンバリー・トールベアーが企画し、写真撮影を頼まれた。大観衆を集めた「告白」は、カナダとアメリカ先住民女性を中心に、みずからの言葉と身体を使い、性の営みと解放を訴える画期的な企画だった。その後も現在に至るまで、場所をかえて開催されてきた同イベントは、つねに盛況で、メディアにも注目されはじめている。

二〇一二年のアメリカ司法省の発表によれば、四六％のアメリカ先住民女性はレイプもしくは、家庭内暴力もしくは交際相手からストーカーの被害に遭っている。また、レイプされたあとに殺害されるケースも、多発している。植民地主義の歴史を経て、いまもなお先住民女性は人種差別と性的な弾圧の標的になっている。

キンバリーは、カリフォルニア大学をはじめとしたアメリカの大学の教壇にたってきたが、二〇一五年からカナダへ移住し、アルバータ大学で教鞭を執っている。

「ブッシュ政権が八年もつづいたのだから、トランプが大衆の支持を得るのは、予想できた。銃とドラッグがはびこり、人びとが傷つけられ、病気になっても国民皆保険もないアメリカが耐えられなかった」

二〇〇四年にジョージ・W・ブッシュが大統領に再選した頃から、アメリカではカナダへの転出を希望する人びとの声が多くきかれるようになった。さらに、トランプが大統領選挙に勝利してから、キンバリーのもとには、学者仲間から、カナダの大学への転職に関する問い合わせが寄せられている。

もっとも、北米大陸の広大な平原部を舞台にバッファローを追っていた狩猟部族の末裔であるキンバリーにとって、カナダとアメリカの国境は、白人たちが勝手に境界線を引いて、先祖の生活圏を分断したものであり、特別なこだわりはない。

キンバリーの娘、一四歳のカルメンはカナダに引っ越してから、夜、ぐっすりと眠れるようになった。アメリカにいた頃は、毎日のようにテレビのニュースで伝えられる銃乱射が、いつ身近で起こるかわからない、という不安感から安眠できなかったそうだ。

カルメンの父親は白人だが、彼女には黒人の血を引く従兄弟、マーキーがいる。彼は二〇一五年、ミネソタ州ミネアポリスの自宅で引っ越し作業をしていた。ちょうど家具をクルマのトランクにいれているときだった。

気がつくと三人の警官に囲まれて、銃口をむけられていた。そして、うむをいわさずに、その場ですぐに身柄を拘束された。幸い、しばらくして誤解が解け、彼はすぐに解放された。近所の住民が強盗とまちがえて、警察を呼び、そのまま誤認逮捕されてしまうところだったのだ。

おなじく黒人の血を引くもうひとりの従姉妹（いとこ）、トンシーは、街で警官を見かけると、いわれのない暴力を振るわれるかもしれない、不当に逮捕されるかもしれない、と極度に緊張する。黒人の友だちの多くは、目に見えないストレスを感じているという。

「どうして、こんなことになるのか、わからない。アメリカは理不尽なことが多い国」

とカルメンは辛そうな面持ちになった。

多民族国家アメリカは、家族のなかでも多人種化がすすんでいる。自分がどんな肌の色をしているかによって、おなじ家族でも経験することが大きく異なる。

学会で再会した、カリフォルニア大学リバーサイド校教授、セネカ族のミシェル・ラヘージャも、一二歳の末娘が大学に入学したあとは、カナダで暮らすことを視野にいれている。

「アメリカは、貧しく、不幸で、暴力的で、肥満に苦しむ人ばかりの国になってしまった。それはトランプのずっと前からあった問題で、もう魅力を感じない」

彼女の部族はアメリカ北東部にひろがる奥深い森のなかで、湖とともに生活してきた。カナダの中東部の森林は、先祖の生活圏でもあり、理想的な場所だという。国境に切り裂かれながらも、虐殺を生き延びた歴史を受け継いだ先住民だからこそ、体得できる世界観である。

翌二〇一八年、ロサンゼルスで開催された年次大会にも、オーストラリアやスウェーデン、台湾など世界各地の先住民の姿があった。いずれも国家によって土地と尊厳を奪われた経験をもつ人たちだ。

世界各地で強権的なリーダーが台頭する時代だからこそ、世界規模で先住民やマイノリティが連帯する必要性が高まっている。キンバリーはつぎのように主張する。

「先住民は国家という枠組みを超えて、地域社会や自然環境との共生を考える。どこに住んでも、大地への想いは変わらない」

七世代あとへ

トランプがアメリカ大統領の座にあることが、先住民社会にどれほどの影響をあたえるかは、まだわからない。移民を排除するだけでなく、さらに先住民の存在をないがしろにするような人物が政権を握りつづけるとしたならば、果たしてアメリカはどのような国になるのか。

北米大陸にもっとも長く暮らしてきた先住民の歴史を学んでこなかった人たちが、いま移民への弾圧を強めようとしている。もちろん移民問題の背景には、アメリカが潤うことによってメキシコ以南の国々で人びとの貧困を増大させ、彼らは故国をあとにしなければ生きていけないという、冷徹なグローバリゼーションの構図がある。

自分の国の社会的弱者を抑圧し、排斥しつづけてきた、という負の歴史を見つめない権力者は、アメリカや日本をふくめ、どこにでもいる。

カリフォルニア州北部、レッドウッド・バレー・ランチェリア・ポモ族のエリカ・カーソンは、

「トランプの過激な発言をきいていると、彼はいまを生きる先住民の生活を悪化させて、世代を超えて紡いできた営みを断絶させるのではないか、と恐れています」

と少し怯えた表情になった。彼女は先祖から受けついだ文化とともに生きて、つぎの世代に伝えなくてはならない、と部族の長老たちから教えられた。だから、トランプによる断絶を拡大する政策は認められない。

「大事なことを決めるときは、七世代あとのことを考えて決める」

アメリカ東部、五大湖周辺を生活圏にする、先住民族イロコイ連盟の部族で受け継がれてきた言葉だ。この考え方は、カリフォルニア州北部に住むポモ族のあいだでも尊ばれている。

ここでいかに踏ん張るかが、部族の文化を継承していくうえで大切な分岐点になる。カーソンは先祖から脈々と伝えられたものを守ることに、自信があるという。彼女は、深刻な表情で、意を決したように、こう語りはじめた。

七世代前の人たちに感謝している。
七世代前の人たちが生き抜いたから、

いまの自分たちがいる。
これからの七世代は、自分たちの責任だ。
自分たちの振る舞いのすべてが、
七世代あとに影響する。

七世代前は自分のために祈ってくれた。
だから、自分たちは七世代あとのために祈る。
七世代あとのために歌い、
七世代あとのために踊り、
七世代前のために生きる。

激動のアメリカ社会を予測するようないい伝えが、ポモ族にある。カーソンは部族の長老から、地球の誕生について、こうきかされてきた。
「カメの甲羅のうえで、母なる地球が誕生した」
地震があるこの地域独特のいい伝えなのかもしれない。この国の政治はまだまだ揺れつづけそうだ。

いっぽうで、屈強で強靭な甲羅をもつカメが、世のなかをしっかりと支えてくれるような気もする。多くの部族で、カメは力強く、ゆったり、どっしりと生きる象徴だ。

七世代は、癒される時間としても先住民社会で用いられることがある。民族が受けた傷が癒えるまでに七世代の年月が必要だと教えてくれたのは、ダコタ族のリーアン・トールベアーだ。

「トランプを選んだことも、彼が残した傷跡も、つぎの世代、そのつぎの世代にきちんと語り継いでいかなくては、いつまでたっても癒されず、おなじことが繰りかえされる」

七世代あとのこの世界に生きる人たちに、いまのアメリカ社会が直面している問題はどう伝わっていくのだろうか。リーアンはこういった。

「それはいまを生きる人ひとりひとりの行動にかかっている。まずは二〇二〇年の大統領選挙、そのあとはトランプのような政治家を選出しない国づくり。それを右傾化する世界にひろめていく。先住民はこの国で生き残った。だから先住民にしかできないことは、たくさんある」

第Ⅳ章　言葉を守る民——ストーリーが紡ぐ世界

ラッセル・ジム

1　長くてつまらない話

コヨーテの誘惑

「ずいぶんストレスが溜まった一ヶ月だった」

　給料日の朝、出社前にウナギはひとりつぶやいた。月末もせまり、必死に家計をやりくりしているウナギの一家にとっては、待ちに待った日だった。妻とふたりの子どもを育てるのは、森のなかでも楽ではない。

　その日の夕刻、一日の仕事を終え、上司から給料袋を手渡されたウナギは、その厚みとズシリとくる重みに、満足感にひたっていた。まっすぐ家に帰る気には到底なれない。気分が高揚して、危ない誘惑に誘われていた。

　帰り道、森の脇の小道を歩いていると、奥の大きな樹木の前にある広場のほうから、ドラムの音と動物たちの騒ぎ声がきこえる。たくさんの動物たちが歓声をあげているようだ。色とりどりの鳥の賑（にぎ）やかな囀（さえず）りだけでなく、ウサギやキツネ、イノシシやヘラジカの声もきこえてくる。ちょっとたち寄ってみることにした。

高い樹木が生い茂る森の小道をわけ入って、広場へとつづく、すこしひらけた道にでた。さらに足早に奥にすすむと、なにやらものすごい喧噪（けんそう）がひろがっている。そこでは、何百もの動物たちが、大きな円を描くように何かを囲んで、歓声をあげていた。

全員の視線の先には、棒切れを慣れた手つきで地面にはじく、毛並みのいい、顔馴染みのコヨーテが、賭場を仕切りながら不敵な笑みを浮かべていた。

彼らが興じているのは、この地域に代々伝わるスティック・ゲームだ。地面に棒を投げつけてどちらに倒れるか、もしくは棒のどちらの面が上をむくかを当てるなど、遊び方はさまざまだ。勝負はその場ではっきりつき、誰でもすぐに参加できる、簡単でわかりやすい遊びだ。

ウナギに気づいたコヨーテは「ちょっと遊んでいけよ」と目配せをしてくる。

「仕方ないな」という顔をして、興奮した気持ちをまわりに悟られまいとウナギは平静を装いながら、賭博台を囲むように観戦している動物たちのあいだを縫って、円の中心にいきゲームに参加することにした。

コヨーテの掛け声とともに、ウナギの真剣勝負がはじまった。棒を両手にもつコヨーテ。賭け金を置いて息を止めるウナギ。その隣にはイタチやハチドリ、アライグマをはじめ、賭博見物に興じる大勢の動物たちがいる。

運がいいのか、偶然なのかわからないが、緒戦からウナギは勝ちつづけた。どんどんあがりが増えていく。

胴元であるコヨーテは困った顔をしながらも、時折、腰をくねらせたり、大きなモーションで手を振ったり、前のめりになったり、奇声を発したりして、観衆を引き込んでいく。

コヨーテの身体は、月明かりに映え、金色に輝きはじめた。そしていつしか、その爪先から尻尾まで、全身の毛並みが整い、妖艶な美しさを放っている。

勝ったり負けたりを繰りかえしながらも、ウナギは順調に勝ちすすんでいく。夜も更けてきた。あまりの騒ぎにモグラの親子も地中から上半身をだして、観戦をはじめた。フクロウの一家もコヨーテの指先に注目している。噂をききつけて、遠くの山から地面を踏みならしてやってきたクマの兄弟も、賭場の観客席に窮屈そうに収まった。

はじめはたくさんの動物たちがギャンブルに興じていた。が、最終的に残ったのは、幸運がつづいたウナギとコバンザメだけになった。

コヨーテは休憩もいれずに、ウナギとコバンザメの一騎打ちの勝負を開始した。棒を振るコヨーテ、じっと見つめるウナギとコバンザメ。観衆は一瞬息を呑（の）んで静まった。森のなかに歓声が響き渡る。今日のコバンザメはツイている。

ウナギはだんだんヤケになっていく。

「今度こそ」

つぎもコバンザメの勝ち。

「いや、もうひと勝負」

コヨーテは、さらに棒を振る。またウナギの負け。テンポよくコバンザメが勝ち、ウナギは負けつづける。

一発逆転を狙うウナギ。受けて立つコバンザメ。誰もがウナギに自分の人生を投影させる。コヨーテは無表情に、両者を見くらべて棒を掴む。しかし、無情にもすでにウナギは封筒のなかの給料をすべてスってしまい、気がつくと一文無しになっていた。


興奮することに疲れた観衆は、最後に大きな拍手を送る準備をしていた。

するとウナギは、

「まだ勝負は終わっていませんよ」

と強い口調でいい、その場に居座った。

「そうおっしゃいますが、スカンピンではギャンブルはできませんよ」

とコヨーテは諭すような声になった。それをきいたコバンザメも、

「あなたの軍資金も尽きたことですし、今日は、もう終わりにしよう」

と疲れた表情を見せた。ところが、ウナギは、

「まだ家があります。わたしの家を賭けさせてください」

と懇願する。体に合わせて建築した細長い家ではあるが、立地は悪くない。

つぎの一戦もウナギは負けてしまう。もう賭けられるものはない。だが、そこで、ウナギのうわずった声が響いた。

「わたしには、若くて美しい妻がいます。妻を、賭けます」

と決心したように、真剣な眼差しになって、さらなる勝負にでた。動物界きってのおしどり夫婦のウナギが、糟糠（そうこう）の妻を賭ける。それをきいて、帰ろうとしていたハリネズミやノウサギ、そのほかの動物たちは、その場にとどまることにした。

クマの兄弟が大きなドラムをたたきはじめ、その振動で木々が揺れ、みんなが地面を踏み鳴らした。カメの親子も首を伸ばして、勝負の行方を見ようと必死だ。

コヨーテがいつもとおなじように棒を振る。地面にたたきつけられた棒は、非情にもコバンザメの勝利を示した。

ウナギはまたまた負けた。苦労をかけた妻は、これでコバンザメのものとなった。それでも、引き下がるようなウナギではない。

「まだ、息子と娘が残っています。息子と娘を賭けます」

今度はかわいい子どもまで手放すことになるかもしれない。最初に息子を賭けた。が、これも負け。そのつぎは娘。これも勝てない。もうウナギには何もない。あっという間に、ウナギは天涯孤独になった。

そして、家族と家を取りもどすため、ウナギは乾坤一擲の大勝負にでた。

「背骨を、わたしの背骨を賭けさせてください」

自分の身体を賭けてまで、ギャンブルの魔力に囚われてしまったウナギの表情は、哀れですらあった。しかし、森のギャンブラーだけしかもつことのできない独特の輝きを放って、ウナギの身体は美しく輝いていた。

コヨーテも覚悟ができたように、棒を振った。じっと見つめるコバンザメ。天を仰いで拝むウナギ。またしてもコバンザメの勝ち。

これで勝負がついた。コヨーテはウナギとコバンザメを一瞥し、不敵な笑みを浮かべ、森の奥に帰って行った。

ウナギは背骨も失い、にょろにょろとだらしなく生きていかなければならなくなった。いっぽう、ウナギの背骨を飲み込んだコバンザメは体にたくさんの骨をもつようになったとさ。

誰の物語か

この物語は、二〇一一年に出版した拙著『ドキュメント　アメリカ先住民』で、「骨抜きにされて」というタイトルで紹介したものだ。もともとは二〇〇九年に、フーパ・バレー族のブラッドリー・マーシャルが、カリフォルニア大学バークレー校で開催された文化交流イベントで、先住民の学生たちに披露したものだ。マーシャルは部族社会で深刻化するギャンブル依存症を危惧し、警鐘を鳴らすために、数あるレパートリーのなかから、ギャンブラー・ウナギのストーリーを選んだそうだ。

この寓話(ぐうわ)をきいた当時、わたしにはなんだかしっくりこない部分もあった。それは自分の理解力に起因していたものだが、カリフォルニア州北部の森や山中で生活するポモ族を訪ねて、実際にギャンブラー・ウナギの話をきいてもらいながら、細かい部分を理解するように努めた。「ためになるいい話だ」とポモ族の人たちからいわれたので、二〇一四年からアリゾナ州やニューメキシコ州のいくつかの部族をまわり、実際に先住民の人たちの前で、このストーリーを披露した。そして、カリフォルニア州のオローニ族にゆかりがある森のなかで、大木を背もたれにして、本書のために改めて書き直してみた。

元来、ストーリーは、きいた人のものであり、それをどう伝えようが話し手の自由で、どんどんどん変えていくことができる、とマーシャルは話していた。彼からウナギの話をきいたときから一〇年を経て、ようやく物語の本質的な部分が見えてきたような気がした。

はかない教訓

「つまらない、長いし、ただただ、すごくつまらない。きいている時間がもったいない」

ギャンブラー・ウナギの話をわたしからきかされたモハベ族のマイケル・ソーシは、「また、くだらないことをいいはじめたな」とでもいいたげだった。

「長すぎて、モハベにはむくわけない。きいていて苦しくなる。ほかの部族でやってくれ」

じらすばかりで、儲け話の類いでもない。オチも迫力がない。海にちかく、森にもちかい地域で暮らすフーパ・バレー族とは、生活環境があまりにちがいすぎる。川沿いのポモ族ではウケたのだが、湿気のないところではウケない話なのかもしれない。

たしかに、灼熱の砂漠では、人は多くを語らない。そういえば、チェメウエビ族のフィリップ・スミスと砂漠のかなり奥のほうまで入ったことがあったが、壁画や岩、砂丘などを見るだけだった。とくにそこで何か説明があるわけではない。長居をしない。見るものを見たらすぐに帰る。獲るものを獲ったら、さっと帰る。理由もなく、ぶらぶらする場所ではない。ソーシもおなじで、重要なことだけ短く伝えて、終わりだという。

マイケル・ソーシ

「砂漠は暑いから、オチまで待てない。猛暑のなかで命を削ってまで、訓話はいらない」からだ。

「教訓が欲しいのなら、こんなのはどうだ」といってソーシは、突然、語り部になった。

「美しいモハベの娘が、父親の反対を押し切って白人と結婚した。それを見てあざけり、笑ったのは、父親の親友だった。数年後、その親友の妻が妊娠した。生まれた子の肌は白かった。妻が金持ちの白人と浮気していたからだ。人にしたことは、形を変えて自分に返ってくる。それは、先住民を迫害して、環境を破壊してきた白人が、いまでは格差や治安の悪さ、山火事などの天災に苦しめられているのとおなじだ。短くて、いい教訓だろう。でも、もう白人を悪くいうのはやめよう」

たしかに、簡潔で心に響くものがある。一気に語られる迫力もちがう。

これまでの経験では、居留地にいって、喜ばれるのは、ほかの部族に関する情報だ。部族同士がちかくにあればべつだが、すこしでも離れるとおたがいの情報量は極端に少なくなる。たとえば、サウス・ダコタ州の居留地での経験談を、ニューメキシコ州に住むプエブロ族の人たちに話すと、身を乗りだしてきいてくれる。最近インターネットなどの影響で、その傾向は幾分少なくなったが、やはりほかの部族のことは気になるのだろう。

しかし、このギャンブラー・ウナギの話は思っていた以上にウケない。酷評の大半が、「教訓がダサいし、つまらない」「教育的すぎて、すごくキリスト教的」「だからなに?」の三つだった。何かの反応がある場合はまだマシなほうで、語ったあとに沈黙が来ると、こちらの気分は滅入ってしまう。ソーシは、からっきしウケない理由をこう分析した。

「ギャンブルはほどほどにというメッセージは、これだけ居留地でカジノが流行っている時代に逆行しているし、妻や子ども、家を捨て、骨を抜かれてもウナギは自由に生きている。なんの教訓にもならない。妻を賭けられる社会なんて、すごいマッチョで、男にとっては天国だ。家族を賭けられるなんてことになったら、避妊をしないで、どんどん子どもをつくって、ますますバクチに励みましょうということになるだろう」

動物界のギャンブル。コヨーテが取り仕切る賭場。もしかすると勝ってしまった動物の悲劇を描いているのかもしれない、と考えるようにもなった。ウナギはギャンブルをして家庭を捨てて自由を得たのに、コバンザメは公衆の面前でウナギの妻や子ども、背骨までもらい、扶養家族が増えてしまった。

いろいろ考えていたら、セネカ族の文学者、ミシェル・ラヘージャが慰めてくれた。

「先住民は、きく人を楽しませるためだけに物語を語るわけではない。どんなにウケなくても、話している人が楽しければ、それでいいじゃない。だって、その話が好きなのでしょう」

2　物語とともに生きる

小骨のメッセージ

「鮭は、俺の命を救ってくれた。鮭には、心から感謝しているよ」

ワシントン州南東部、ヤカマ族の居留地からすぐのレストランで、部族の環境問題に携わるラッセル・ジムは、鮭のランチセットを食べながら、静かに話しはじめた。ちょうど、居留地を流れるコロンビア川の水質汚染についての、インタビューが終わったところだった。

「いつものように、ブレックファーストの鮭の切り身を食べていたとき、骨が喉の奥にひっかかってしまった。どうにも自分の力では抜けそうにない」

「そういうとき、日本ではよく、ご飯の丸呑みをします。おなじようなことをなさらなかったのですか」とたずねると、ヤカマ族でもそのテクニックによって助かった人がいるが、このときばかりは、大きなパンの塊を丸呑みしても、効果がなかったという答えが返ってきた。

「妻に骨を抜いてくれと頼んだら、そんなことしないで、すぐに病院にいけといわれた」

いわれるがまま、すぐに病院にいくと、喉の様子が変だと医者は訝しんだ。検査をしたら、咽頭癌が見つかったという。

「それは鮭ではなくて、お連れ合いが貴方を救ったのではないですか」

ときくと、しばらく考え込んで「たしかに、そうかもしれない」とほほ笑んだ。

鮭が人間の命を救う。英語で話せばなんてことない話だが、ヤカマ語でこの話をすれば、何かべつの意味を帯びた民話になるのかもしれない。

ラッセルの友人であり、昔からのわたしの知り合いでもある、ヤカマ族の居留地に住むエディ・ジョージにこの話をすると、彼は真剣な眼差しでこういった。

「鮭の骨が喉に刺さって、命を救われた？　なんだ、その話は。鮭は食べものだ。鮭が人間を救えるわけがないだろう。つまらない話をするなよ。俺だったら、最初から喉に骨なんか刺さらせない。ラッセルはいったい何十年鮭を食ってきたんだ。ヤカマだろ、川の民だろ」

と大声で笑い、さらにこうつづけた。

「でも妻のいうことは、なんでもハイハイときいておくべきだ。これは結婚生活が長持ちする秘訣だ。いっていることがわからないときこそ、ハイハイといって従うふりをするんだ。それで俺のところは五〇年以上もうまくいっている。そこのところは学べる話だな」

鮭にではなく、妻に感謝する。それでジョージも納得したようだ。しかし、鮭に感謝する独特な世界観は尊い。

ゲテモノ食い

「食べたことありませんよ。いまどき。そんな気持ち悪いものを食べるわけありません。すごくグロテスクです」

ヤカマ族の居留地の大通りで、連れ立って歩いてきた、下校途中の女子高校生三人組と一緒になったので、「キミたちは鮭の卵を食べるのかな?」ときいてみた。

そのなかのひとりが、思い出したようにこういった。

「あっ、そういえば、前におじいちゃんがマグカップにいれて、スプーンですくって食べていたのを見たことがある。赤っぽく光っていて、気持ち悪かった」

日本人は真っ白な白米に、鮭の卵をたくさんかけて食べるのが好きなのだ、といってみたのだが、「鮭はたまにしか、食べません」とまったく無関心だった。

おなじくコロンビア川沿いで、鮭を獲ってきた部族、ネズ・パース族のウェイン・ペニーは、居留地にある部族政府が経営する養殖場の管理人で、敷地内に建つ家に住んでいる。目の前に、商売用の鮭がたくさん泳いでいるにもかかわらず、ペニー自身が鮭を食べるのは、年に二、三回くらいと少ない。

「最近は若者の鮭離れがすすんでいる。鮭よりもフライド・チキンのほうが人気だ。鮭の卵は一部の年配の人しか好まない。もっぱら魚釣り用の餌として出荷されている」

なんてもったいない話なのだと、ペニーの食生活をきいた、おなじ部族のジョサイア・ブラックイーグル・ピンカムは、呆れた顔をした。

「屠場に住み込みで働いているのに、牛肉を年三回しか食べないといっているのとおなじことだ。不自然だし、ウソみたいな話だ。それでも川の民、ネズ・パースといえるのか」

その日の昼、ピンカムがすこし前に、居留地を流れる川で釣り上げた鮭を、マッシュポテトと一緒にオーブンで焼いた得意料理をふるまってくれた。

「昔は灯り(あか)を消すというのは、息をふきかけることだった。いまではスイッチを押すということになった。新しい文化が入ってきて、そのための言葉ができて、部族の暮らしは変わった。

たとえばわたしたちは昔、車のことを、『アトモ』と呼んでいた。これは英語の『オートモービル』（Automobile）をネズ・パース語で限りなくちかい発音をしたものだ。ただ、それとはべつに、『勝手に進んで行くもの』と呼んでいた時期もある。地球温暖化によって、これまで馴染みのない動物を目にしたり、反対に、もうお目にかかることができなくなった動物もいる。そうやって、言語も変化していくのだ」

ピンカムはこういうのだが、もしかすると、魚の餌としての「鮭の卵」という言葉は残るかもしれないが、鮭の卵を食べなくなれば、「筋子」や「イクラ」などという語彙は廃れていくのかもしれない。そうして、言語と文化は変化していくものなのか。

鍛えて、備えよ

「冷たい水のなかで泳いで、自分の体を強くせよ」

ヤカマ族同様に、コロンビア川沿いに集落を形成してきた、ワナパム族のリーダー、レックス・バックは、この言葉の意味を説明してくれた。これはワナパム族の年長者が発した言葉で、部族の人たちは、季節を問わずに冷たい川の流れのなかを泳ぎ、心身を鍛えるのだそうだ。

冬は雪も降り、川は凍りつく。それでも分厚い氷を砕いて裸で入り、ゆっくりと時間をかけ

レックス・バック

て身体を慣らしながら、水のなかで自分の感覚を取り戻していく。そうすることで、どんな状況でも耐えられる肉体をつくるのだという。

大変な苦行だが、酷寒のなかで、全身を水につけることによって、心と身体が交信する。自分自身を守るために心が身体を動かし、さらには支配し肉体のもつ耐寒性をあげていく。この訓練を繰りかえすことによって、身体の耐久性があがっていくという。逆に、心が寒さに折れそうになったときには、身体が心を守ろうと本能的に抵抗する。そうやってワナパム族は、どんなに辛い環境のなかでも生き抜く力を身につけてきた。

「いいときもあれば、悪いときもある。先住民だっていい選択をしたリーダーもいれば、それほどいい選択をしなかったリーダーもいる」

バックは、これまで部族が歩んできた道のりがすでに大変だったとしみじみ語る。国家によって、文化と言語を奪われる辛さや苦しみにくらべれば、トランプでも、ほかのどんなひどい政権下であっても、部族をまとめて現状を打破する自信があるという。

「先住民として生きていくことで、もっとも大切なのは言葉だ。英語だけでワナパムの世界観を表現したり、理解したりするには限界がある。先祖から受け継いだ大地で、ワナパムの言葉を使って生活していくなかでしか継承できないことは多い。その反面、外の世界で成功するには英語が必要だったから、子どもたちの将来を考えれば、部族の言語の継承よりも英語の習得を奨励しなければならなかった」

同化政策での寄宿学校の影響もあって、部族の大半が英語しか話せなくなってしまったことを、バックは危惧している。部族の伝統を教えるのにも、侵略してきた白人が強要した英語を使わなければならないというのは屈辱的だ。

「わたしが生まれたとき、集落にはワナパム語を話す年配の人たちがたくさんいて、我々の文化が色濃く残っていた。その経験は、現在のように、白人が無理やり押しつけた英語で部族の伝統文化を伝えるのとは、まったくちがった。しかし、いま自分は六二歳で、そうすることができた最後の世代なのかもしれない」

といって、彼はうつむいた。そこにはもっと部族の言語を使って、若い世代を育てたかったという後悔の念が感じられた。リーダーとして部族を率いてきたバックは、このままではワナパム語の話者がいなくなってしまうかもしれないという強い危機感を抱いている。

　みずからの第一言語、クリー語を大学で教えるドロシー・サンダーは部族の言語を守ることの重要性について強いこだわりをもっている。

「言葉には、創造主と人間をつなげ、心と体を先祖が暮らした大地へと結びつけてくれる役割がある。そうすれば、すべてがひとつになって、自分自身が誰であるのかをより強く認識できる。それがひとつでも欠けると、人生のバランスが崩れてしまう。そんな大切なものを人から奪えば、大きな損失を後世にわたって残すことになる。だから、ぜったいに言葉は残さないといけない」

3　部族の恩人

救世主

「昔は炭坑にカナリアを放して、毒ガスがあるか、人間が降りても大丈夫かどうかを確かめた。ネズ・パースにとっては、身近にいるワシや鮭が、これから人間に起こりえる危険を教えてくれるカナリアのような存在だった。しかし、いまは先住民こそが全世界にとってのカナリアなのではないか。言語や伝統をどう守っていくか、それを試されている。先住民が直面している危機は、やがては世界中の人たちにとっての重要課題になるのかもしれない」

ジョサイア・ブラックイーグル・ピンカムは、部族の暮らしの根幹にある言語の維持が逼迫（ひっぱく）した状況であると感じている。年々、話者が減っていくなかで、部族は言語をいかに維持していけるのだろうか。彼は、日常では英語を話すが、伝統文化を自分の子どもたちに教えるときは、ネズ・パース語を使うようにしている。

「いまでは居留地に、三〇人くらいしか、ネズ・パース語を流暢に話せる人はいない。さらにあと一〇年もすれば、そのうちの一〇人が他界する可能性が高い。言語教育においては、ニュアンスなど、言葉の背景にあるものは、生きている人が伝えていかなくてはならない。時間がいつまでもあるわけではない。このままでは大変なことになる」

国勢調査局の二〇一七年の調査報告によれば、現在アメリカ先住民の二六・九%しか、部族の言語を家庭で話していない（2017 American Community Survey 1-Year Estimates）。ネズ・パース族のような部族は珍しくなく、先住民の言語は、一部を除いて、絶滅の危機にあるといっても過言ではない。

これは世界の趨勢（すうせい）でもある。二〇一九年を「国際先住民族言語年」に定めた、国際連合の事務総長アントニオ・グテーレスによれば、地球上で話されているおよそ六七〇〇言語の約半数が絶滅の危機に瀕(ひん)していて、その大半が先住民のものだという(UN News 二〇一九年八月九日)。

そんな絶滅する可能性が高かったネズ・パース族の言葉を一九六〇年から調査して、一九九四年に一二八〇ページにもおよぶ分厚い辞書『ネズ・パース辞典(*Nez Perce Dictionary* 未邦訳)』を編纂(へんさん)した日本人がいる。この辞書があれば、英語からネズ・パース語、ネズ・パース語から英語へと調べることができ、今日の居留地の人たちの日常生活になくてはならないものだ。

部族に辞書を残すという偉業を成しとげ、現在もネズ・パース語の研究をつづける、カリフォルニア大学バークレー校東アジア言語文化学部名誉教授、青木晴夫(八九歳)は、アメリカ先住民研究のみならず言語学の研究者にとっても、伝説的な人物だ。ネズ・パース語を救った学者としても名高い。

ネズ・パース族の人たちは、いまも青木のことを、「エオキ(Aokiの英語読み)」と尊敬の念を込めて呼ぶ。それは、カリフォルニア大学の大学院生時代のゼミで、なんどもきいた憧れの名前だった。最初にその業績に触れたときは、ここまで先住民社会に貢献した日本人がいるのかと、感動というよりは、驚愕(きょうがく)したのを覚えている。

「伝説」との出会い

二〇〇九年に、わたしが母校のカリフォルニア大学バークレー校で客員研究員をしていたとき、学部学生時代の恩師、ネズ・パース族の教授パトリシア・ヒルデンから紹介されて、青木と会うことができた。以来、一〇年にわたって、研究のためにバークレーに滞在するたびに、青木の話をきいてきた。

はじめてお目にかかった頃、青木は大学のちかくで、ヒルデンの同僚でおなじくネズ・パース族の文学者ベス・パヤトートに、ネズ・パース語を教えていたが、本人に気負いはなかった。

「日本人が、ネズ・パース族出身で大学教授にまでなった人たちに、ネズ・パース語を教えるっていうのは、ちょっと、なんていうか具合が悪いのですが、まぁほかに教える人がいないようなので、こんな年寄りを使っていただいているっていうのはありがたいものです」

彼は、このように、終始腰が低い。質問すると、その答えのあとに、決まったようにこう付け加える。

「わたしなんかは、のんびりやってるだけですから」

辞書を出版したあとも、ネズ・パース族の言語や伝統文化の調査に従事してきた。年数にすれば六〇年ちかい。その超人的な研究意欲の秘密について質問すると、

「わたしは仕事がのろいもので。マイペースでやっています」

というような調子である。

居留地で、さまざまなものの名称を学ぶだけでも、大変な苦労があったはずだ。これまでわたしは、たくさんの居留地で、そこにある木や植物の呼び方、さらにはそこから見える山の名称などにやたらとこだわる学者やジャーナリストたちを見てきた。彼らを相手にする部族の人びとが辟易（へきえき）しているのがわかることもあった。

「名前なんてこちらからきくものではありません。相手が話してくれるまでじっくり待っていたほうがいいのです」

その場所に生きる人にとっては、名前ではなくて、その存在のほうが大切である。それを部外者がとやかくきいて、返答を期待するのは失礼にあたることがある。神聖な場所や神事にまつわるものの場合、口にだすのがはばかられるということは珍しくない。

「実際に住んでいる人たちにとっては、身のまわりにあるものの名前なんかどうだっていいことなんですよ。彼らはただ、『山にいく』とか『町へいく』とか、山の正式名称や、町の名前なんか重要じゃないんですよ」

たしかに日本で、「駅から何分」といえば、最寄り駅のことに決まっている。それとおなじで、きかれる側の先住民にしてみれば、とくに意識していないものや神聖なものについて、部外者から根掘り葉掘りきかれて気分がいいはずはない。

ただ、むこうから教えてくれるまで待つ。相手のペースに合わせ、伝統文化を尊重するスタンスで言葉を集め、用法を学び、辞書を編纂するのは、気が遠くなるようなプロセスだ。

さらに、さまざまなタブーがある居留地では、歩いてはいけない場所、見たり、きいたり、触ったりしてはいけないものだらけだ。民俗学の基本である、自由に見たり、話をきいたり、歩いたりすることを慎まなくてはならない。そのような状況のもとで言葉を学び、記録する作業は困難を極めたはずだ。

青木は独自の経験と勘で、ぜったいにタブーに踏みこまない。どんなに有益な情報であっても、部族のタブーは辞書にはぜったいに載せていない。

「なにがタブーって、それをきくのがタブーなんですよ」

と青木は笑いながらいった。

居留地に響く言葉

現在、ネズ・パース族の居留地に住む人たちの多くは、日常生活においてはおもに英語を話す。が、先祖から受け継いだ土地や固有名詞などを示すときは、ネズ・パース語を用いる。そのときに欠かせないのが、青木の辞書だ。居留地内の部族政府庁舎や学校などに置かれている分厚い辞書は、部族の生活の一部になっている。

　辞書の編纂には、想像を絶する苦労をともなったようだ。習った単語の英語訳がわからないときは、大学に実物をもち帰り、徹底的に調査した。たとえば草の名前を教われば、それを押し花にして、キャンパスにある、植物学の研究室にもち込んで、英語名を調べてもらった。

　一語一語、気の遠くなるような作業を、必要なだけ繰りかえした。英語での名称がなければ、学術名を記した。とにかく、彼らが日常的に接しているものを、英語に訳すことを心がけた。

まるで江戸時代、杉田玄白や前野良沢などが、ドイツ人医師ヨハン・アダム・クルムスの『解体新書（ターヘル・アナトミア）』を翻訳したときの苦労をきいているようだ。

　また、利用者に役立つように、辞書には例文も豊富に織り込んだ。おとぎ話や昔話からの引用も多く、英語であらわせないものは、青木みずからが絵を描いて説明している。分厚い辞書ではあるが、読んでいて飽きない。

　青木の日本語での著書『滅びゆくことばを追って』には、居留地でのさまざまな苦労が記されている。ネズ・パース語を話す人を見つけても、耳が遠かったり、家に電気が引かれていないので、録音できなかったりする。それでも、青木のゆったりとした性格が、根気よく状況を好転させていく。

　集落に入り込み言葉を教えてもらい、実際にその言葉が、生活のなかでどのように使われているのか、を体験する青木の姿は感動的だ。学問として習得するのではなく、まずは子どもが言語を覚えるように純粋な気持ちで人と接して、五感を使い、たしかな人間関係を築いた。

青木は、当時のことを振りかえり、こういって笑わせる。

「最初の頃、わたしがネズ・パース語で何かいうと、発音がまちがっていて、それがちょっとちがうふうにきこえて、いやらしい意味になったりするわけです。そうするとみんなゲラゲラ笑って、喜んでもらえるんですよ。だから、おなじ言葉をなんどもいってみることです。そうすれば、それから似ている発音でちがった意味をもつ言葉をもっと教えてくれるんですよ」

部族社会に入っていく際に大きな決め手となったのは、言語学者としての矜持(きょうじ)ではなく、相手から教えてもらうという謙虚な姿勢だ。

名づけ親

一九九四年に初版が出版された青木の辞書を、熱い想いで待ち望んでいたのは、いうまでもなく、ネズ・パース族の人たちだ。部族政府に勤めるゲェブ・ボーニーは、青木の天才的かつ超人的な業績についてこう話した。

「自分たちの伝統や生き方を、つぎの世代に伝えるための、素晴らしい手段を残してくれました。この辞書がなければ、部族の言語はいまどうなっていたのか。長老たちが、言語を教えて

ゲェブ・ボーニー

くれるときに欠かせないのが、部族出身者でない青木がつくってくれたこの辞書です。部族はとても感謝しています」

二〇一四年春に、ネズ・パース族居留地の隣町にあるルイス－クラーク州立大学で開催された、ネズ・パース語に関するシンポジウムを傍聴した。登壇したパネリストたち全員が、「エオキ」の辞書について熱心に議論をしていた。この日のシンポジウムに、青木の姿はなかったが、「エオキ」と面識があるというだけで、わたしはいろいろな人に話しかけられた。先住民社会で、これほど尊敬される学者は、なかなかいないだろう。

現在も、居留地で赤ん坊が生まれ、部族名をネズ・パース語でつけるときや、儀式などで言語に関する疑問が生じたとき、部族政府の職員は、バークレー近郊に住む青木に長距離電話をかける。

長年にわたって部族と築き上げた絆（きずな）をあらわすエピソードだ。

「わざわざ、遠くからお電話いただいているのですから、お役にたててよかったですよ」

当の青木はちょっとお手伝いしただけ、というのだが、青木がいなければ、部族の文化的な活動が十分にできなくなる、といっても大げさではない。

「青木は、部族の長老みたいな存在です。部族にしても、頼れる人は、青木しかいない。辞書だけでなくて、人柄そのものにみんな惹かれていますよ」

と、ピンカムは絶大な信頼をおく。ピンカムをはじめ、居留地にも話者はいるのだが、人の名前など重要度が高く、かつ「正確」なネズ・パース語が必要になると、青木の出番になる。

およそ二〇年前、青木が居留地を訪ねたとき、ピンカムは運転手を買ってでた。彼はそのときの青木のやさしい表情をいまも覚えている。

「あれだけの偉業を成し遂げたのに、申し訳なさそうな顔をしていた。なぜなら、辞書の値段が高くなってしまい、もっと安ければ一家に一冊もっていてもらえるのにと残念がっていた。でも、それは青木のせいじゃない」

ピンカムは憧れていた青木に実際に会い、感無量だったという。このときのことを青木にきくと、毎日使うものとして、部族の全員にもっていてほしかったという。発売された当初から、辞書の価格はおよそ一六〇ドル（現在はおよそ一九五ドル）と高額だった。

青木自身は、ハードカバーの分厚い辞書ではなく、手軽にもち歩ける、ペーパーバックの会話帳のようにしたかった、と実際に言葉を活用する人たちへの気遣いを見せている。

さらに、ピンカムはもっと本質的なことも気にしていた。

「もしも、青木が辞書編纂のために費やした膨大な時間を、家族にあてていたら、もっといい時間を過ごせたのに。部族のために大変な犠牲を強いたことになる。彼の家族に申し訳ない」

青木は辞書編纂だけでなく、大学では教鞭を執り、大勢の学生の面倒もみて、膨大な雑務もこなしてきた。ピンカムの思いを青木に伝えると、彼はやさしい瞳でこういった。

「わたしは好きでやっていたのですから。心配していただくことはないですよ。犠牲とかっていうのは、ありませんよ」

4 大切な命

気持ちを揺さぶる動詞

もともと狩猟を生業としていたネズ・パース族だが、一九世紀に連邦政府主導でおこなわれた同化政策で、子どもたちはキリスト教系の寄宿学校に強制的に送られ、部族の言語や伝統を捨てさせられた。文化の略奪は、狩猟に関する語彙やいいまわしを奪い、伝承文化の危機を招いた。

その影響で言葉の断絶が起こり、ほとんどの家族が、祖父母の世代はネズ・パース語を話せるが、孫の代は英語だけという状況になってしまった。アメリカの生活文化を土台に、現在の生活様式からネズ・パース語を学ぶのでは、言語のもつ多様性が狭まってしまう可能性がある、と青木は懸念する。

たとえば、「化ける」というのは昔話のなかでのみ存在すると思われがちだ。しかし、日常的に昔話が話されていると、この言葉が普段の会話のなかでも、一定の頻度で使用される。たとえば日本では、誰かの帰りが遅ければ、帰り道にキツネやタヌキに化かされた、といっていた。そんな具合に、言葉には生活文化が反映される。もしも、今日、アメリカで営まれる日常生活に合わせて、ネズ・パース語を習得するならば、「化ける」や「化かす」に、なんの感覚も残されていないのかもしれない。

もともとネズ・パース語の昔話には、部族独特の言葉がたくさん存在した。コヨーテやキツネ、クマの話し方はそれぞれ異なり、物語をきいていれば、どの動物が話しているのか、すぐにわかった。

べつの部族の人が登場したり、動物がべつの部族の人になりすましたりするなど、物語のなかに、ネズ・パース語以外の部族の言葉がごく普通に使われていた。昔はネズ・パース族のなかにも、近隣の部族の言葉を話せる人たちがたくさんいて、物語は部族同士の交流の記録にもなっていた。

伝統的な狩猟部族の生活のなかでは、どんな動物でも視界に入れれば、一瞬で認識する必要があった。たとえば「歩く」という動詞ひとつとってみても、蹄（ひづめ）のある動物と蹄のない動物ではちがう言葉が使われる。

蹄のある動物が「歩いている」と会話のなかに入ってくれば、捕まえる、もしくは食べることを思い浮かべる。蹄のないものが「歩いている」と危険にたいして心構えをする。

なぜなら、蹄のあるほうは、ヘラジカや鹿、バッファローの類いで、つぎの動作は猟の準備になる。蹄のない動物とは、オオカミ、クーガーやクマなどで、食べられないだけでなく、襲ってくるかもしれないため、瞬時に逃げ支度をはじめる必要がある。

つまり、蹄のある動物が「歩いて」いれば、追いかける。蹄のない動物だったら、逃げるというように、伝統的な暮らしのなかでは、「歩く」という動詞から連想するものによって、人びとはつぎの行動を準備していた。言葉そのものが、心と身体にあたえる影響は大きかったのだ。

スーパーで肉を買い、電子レンジやオーブンに入れてボタンひとつで調理ができ、そのまま食事をするという現代の生活様式における言語文化では、表現できない奥深さがある。日常的に昔話を話す人が存在し、それを尊重しながらきく人がいて、はじめて、その物語の教訓が活かされる。そのような社会でなければ、本当の意味での言語の継承は難しいのかもしれない。

青木の話をきいていて、ふと子どもの頃、カミナリが鳴って、傘をさすのと同時にヘソを隠したのを思いだした。いまの子どもたちは、濡れないように傘に気持ちを集中させるだけなのだろうか。

遠い「祖国」

一九三〇年四月、青木は日本占領下の朝鮮半島、現在の韓国の群山(クンサン)に生まれ、一二歳までそこで過ごした。その後、現在の北朝鮮の元山(ウォンサン)の北にある咸興(ハムン)に移った。祖父は名うての車大工、父は農学校出身で、現在のソウルの南に位置する、水原(スウォン)の農事試験場で、米の品種の改良に従事していた。寒い朝鮮半島でも米作ができるための研究だった。

一九四五年五月、終戦の三ヶ月前、旧制中学の四年生に進級して、ひと月が過ぎた頃、一五歳の青木に海軍の予科練から、入隊の通知が来た。戦争の末期、中学の教員からは、「朝鮮にいる日本人は、本土の日本人よりも愛国心を示すために、軍隊に入るように」と諭された。

中学校は労働宿舎のようなところで、農作業の手伝いや防空壕(ぼうくうごう)掘りなどの勤労奉仕に日々駆り出された。教員の圧力は強く、青木は仕方なく志願した。青木本人は、当時は小柄だったので、「どうせ落ちるだろう」と思っていたが、人員不足からか、本人の思惑とは逆に合格した。

それで日本にもどり、山口県のJR線防府駅のちかくにあった防府海軍通信学校に入ることになった。青木によれば、当初乗るはずだった関釜（かんぷ）連絡船は米軍の潜水艦の攻撃によって撃沈され、つぎの船が来るまで釜山（プサン）で映画を見ていた。もしもその船に乗っていたら、海の藻くずになったはずだ。

出航の日の朝四時、まだ薄暗いなか、突然、乗船命令がでた。青木が乗り込んだ下関行きのフェリーは、両側を駆逐艦に守られ、魚雷を避けながらジグザグに進む。ジグザグは敵性英語だからノジウンドウ（之字運動）といった。

日本に着き、下関市内を汽車で移動。そのときに、窓の鎧戸（よろいど）を閉めるようにいわれた。隙間から外を見ると、下関の街は爆撃され炎をあげて燃えていた。

朝鮮半島にいた頃は、景気のいい話ばかりで、戦局については何も教えられていなかった。それでも予科練で気のいい上官から、戦艦大和は撃沈され、連合艦隊は全滅したと知らされる。「これはもうダメだな」とわかった。それまで教えられていたことは、嘘ばかりだったのだ。

海軍では、特攻隊員になるにしても特攻機はもう一機もなく、人間魚雷になるべき潜航艇もない。地面に穴（たこ壺（つぼ））を掘って身を隠し、本土決戦に備える訓練に従事していた。米軍戦車がやってきたときに、穴から飛びだして攻撃する。人間地雷だった。「竹の先に爆弾をつけて、戦車のキャタピラに突撃する。そのあとは『たこ壺』にもどってこい」と教育されていた。

終戦間際、八月六日、防府の海軍通信基地にいた。朝、いきなり空襲警報がなった。上官から順番に防空壕に入って行った。青木は自分の順番が来る寸前、東の方向、広島の方角に稲妻のような閃光(せんこう)を見た。雨が降っているわけでもないのに、雷が光ったのだ。

まもなく広島に落とされた「新型爆弾」の被害を知らされる。

敗戦後、両親が朝鮮半島から引き揚げて来た。政府の高官たちは優遇されて、早々と日本に帰って行ったが、一般市民は棄民のようだった、と両親からきかされた。「戦争は市民を優先しない」と痛感させられた。朝鮮半島で所有していた不動産はとりあげられ、もっていたお金は、新円に切り替えられて、目減りしてしまった。

一九五三年に広島大学を卒業し、渡米。カリフォルニア大学ロサンゼルス校、同大学バークレー校の大学院で、言語学を学ぶ。一九六〇年に指導教官のアドバイスを受けて、アイダホ州のネズ・パース族の居留地を訪れ、フィールドワークをはじめた。ネズ・パース語の先生になってくれる人を探すため、居留地ばかりか、周辺の集落にまで足を延ばした。

青木がネズ・パース語の調査をはじめた一九六〇年代は、まだ第二次世界大戦の記憶が色濃く残っている頃だった。そのこともあって居留地では、硫黄島の戦いで、ナバホ族の暗号部隊に打ち負かされた日本軍が、おなじ轍を踏まないために、言語学者をネズ・パースの居留地に派遣したのではないか、と疑われたりもした。

この頃は、ネズ・パース語の話者は二〇〇〇人ほどいたといわれていたが、正確な数はわからなかった。ただ、青木が出会ったなかで、三〇歳未満でネズ・パース語を流暢に話せる人はいなかった。英語教育が中心で、部族の言語を使用するには、すでに限界があった。

「このままでは、この言語はなくなってしまうかもしれない。なんとかしたい」

かけだしの言語学者として、青木は言葉が衰退していくのを目の当たりにして焦っていた。言葉を記録する最後のチャンスだ、と自分にいいきかせた。当時、一五歳だった人は、現在も健在だとしても七五歳。言語を継承して行く状況は年々厳しくなっている。

青木の生まれた場所は、もう「日本」ではない、旧植民地である。国境や言語、文化や伝統。青木と話していると民族や国籍のあり方について、さまざま考えさせられる。もしかすると彼にとって、「故郷」が「異国」になった喪失感が、先住民の歴史とダブったのかもしれない。

5　オチはなくても

カメのサバイバル

ネズ・パース族のカメが、フラットヘッド族に捕らえられた。
「お前は火が好きか、水が好きか」
と問われて、ネズ・パース族のカメは、
「火が好きだ」と答えた。
それでは、とフラットヘッド族は、
カメを水に投げ込んだ。
それで、カメは難を逃れた。

カメは本心とは逆のことをいって、焼死せずに生き延びた。ネズ・パース版の落語『饅頭(まんじゅう)こわい』のようだ。

悪いコヨーテの話

コヨーテの父親と五人の息子たちがいた。長男が一人前の男になった頃、結婚相手が必要になり、若い娘を嫁にとることになった。しかし、こともあろうに、父親は自分がその若い娘と一緒になりたいと思ってしまった。

そこで、コヨーテの父親は、自分が息子のふりをすれば、若い娘と一緒になれると考えた。若い娘に目が眩んだ父親は、ある日息子に、木のうえ高くにある鳥の巣のなかの卵をとりに行くように命じた。

身軽な息子がするすると木を登り、鳥の巣に手が届きそうになると、父親は木が伸びる魔法を使って、息子をひたすら登らせた。何回か魔法をかけると、木は雲を越えて伸びていった。息子は木をどんどん登っていき、やがて姿が見えなくなった。

息子がいなくなり、コヨーテは息子に化けて、かわいい若い女と一緒になった。ある日、五番目の息子が「あれは長兄ではなくて、父親だ」と暴露した。

それ以来、コヨーテの威信は失われ、「不名誉」のレッテルがついてまわることになった。

言葉だけで伝えるもの

このふたつの寓話は、カリフォルニア大学のちかくの、いつもふたりで利用するファミリーレストランで、青木が日本語で語ってくれた。まわりには、ラティーノの家族連れが数組いて、接客にあたっていたウエイトレスもメキシコ出身だったので、スペイン語が響いていた。

監獄にいれられたり、重労働させられたり、体罰や刑罰で罰せられたりするのではなくて、「良識が欠けている」とまわりから思われる「不名誉」が、一番の罰になるところに、ネズ・パース族の文化があらわれている。

だが、部族文化を伝承する教育は、一八二〇年代にネズ・パース族のところにやってきたキリスト教の宣教師によって、活動の邪魔になる可能性があるという理由で禁止された。それでも、ネズ・パースの人たちは数々の民話を秘密裏に語り継いできた。

青木がネズ・パース族の伝統文化を理解するために役だったのが、日本的な考え方や、祖父母からきいた日本のおとぎ話だった。彼が育った環境では、「タヌキやキツネに化かされた」、もしくは「桃からうまれた桃太郎」といった、実際にはあり得ないことが日常生活のなかで普通に話されていた。動物の営みをもふくめた幅のひろいものの見方をしなければ、ネズ・パースの言葉や物語の半分くらいしか理解できないことになるという。

タヌキが化けるのは、コヨーテが長男のふりをして化かすのと似ている。アジアの文化と北米先住民の文化には、共通点が多い。また、青木には両親の祖父母がちかくにいたので、ひとつの昔話でも四人からちがったバージョンをきかされて育った。もしも核家族化が進みＣＤなどできく日本の昔話が主流になれば、物語にはひとつの型しかなくなり、文化の画一化を招き、伝える幅が狭まってしまう。

祖父母の世代には戦争の悲惨な記憶があって、経験を交えて昔話を語り合ってきた。しかし、孫の世代になったら、戦争のひどさを知らないまま、戦争に突入してしまうかもしれない。実体験の伝承がなされなければ、想像力が欠如していく恐れがある。

青木が居留地で調査をしていたころから、ネズ・パース族のあいだで、本来の口承文化の維持が難しくなってきていた。そんな状況に鑑みて、一九七〇年代はじめ、部族の人たちが中心になって、青木の翻訳をもとに部族古来の昔話をベースに絵本をつくることになった。

ストーリーに登場する動物たちを絵で描くのは、部族出身のイラストレーターだ。ところが、コヨーテが犬のような顔をしているのか、キツネのようなのか、オオカミに似ているのか、もしくは人間のようなのか、ということが大きな問題になった。もともとそんなことは、ストーリーの本筋からはずれたことで、曖昧のままでよかったことだ。

青木は、「コヨーテの息子が若い娘と結婚する」といっても、実際はどんな感じなのか、物語の本質とはまったく関係ないという。コヨーテの息子はどんな顔なのか、結婚相手もコヨーテなのか？　ひとつの形にこだわれば、ほかの形も見えなくてはいけなくなる。そこで物語のよさが失われていく。視覚に頼らない、言葉だけの伝承にこそ無限の可能性があったのだ。

これはさまざまな部族で感じてきたことだが、口承を尊ぶ先住民の文化は曖昧で漠然とした状態をよしとする。それをはっきりとさせてしまえば、文化の豊かな一面がなくなってしまう。ビジュアル効果を利用すると、受け入れられやすい反面、イメージが固定化されて、融通性がなくなる。

口承に特化された文化には、解釈するうえで無限の可能性がある。伝統的なネズ・パースの物語は長く、鮭を焚き火の煙で夜通し燻しながら、聞き手が疲れて眠りに落ちるころまでゆったりとすすみ、「今夜の話はここまで」という感じで終わる。そして、翌日はそのつづきからはじまる。

どこで終えても、どこからはじめてもいい。だから、ある一定のところで、つねにオチや教訓があるわけではない。旅の途中の何気ない出来事の連続こそが、醍醐味になる。

先述したネズ・パース族のジョサイア・ブラックイーグル・ピンカムも細切れにされた部族古来の物語に、違和感を抱いている。

「商業目的のニューエイジ文化や特殊な目的でスピリチュアリティだけを信奉する人たちは、ちいさな物語に区切って、挿絵をいれて、ひとつひとつにありがたいオチや教訓をつける。先住民の言葉を現代的に解釈して、自分たちに都合よく利用している人たちほど、先住民の言葉がもつ意味をきちんと活かせていない」

もともと先住民の話には、独自の娯楽性があり、それでいて、教育的だった。やってはいけないことをコヨーテにやらせる。因果応報のような意味合いがあって、倫理教育としては立派だった。青木によれば、悪いことをした人を罰するのがヨーロッパ的で、悪いことをする人をつくらないのが先住民的なのだという。そこには、人間としてのモラルをもたせるための物語がある。

ヨーロッパからの物質文明が、先住民文化におよぼした影響は計り知れず、取りかえしのつかない破壊を招いてしまったことになる。

ここ数年、わたしは毎年、夏にネズ・パース族の居留地を訪ね、その前後にバークレーで、青木の話をきくようにしている。二〇一七年八月に居留地を訪れたとき、「今度、青木先生に会ったときに、ありがとうございましたと伝えてほしい」とペンデルトン・ブランケット（先住民が多用する伝統的な毛布）を、ピンカム家から託された。

ピンカムの一六歳になる長男、タマサートは、部族の高校生のなかで、一番上手にネズ・パース語を話せるまでに上達した。本人は照れながら、青木の辞書のおかげだといった。

ネズ・パース語で、青木に何か喋ってほしい、とタマサートにＩＣレコーダーをむけると「そんな大家に、ネズ・パース語はぜったいに話せない」と恥ずかしそうな表情になった。彼

ピンカム・ファミリー、ブランケットを持つジョサイア（左から２番目）

ピンカム・ファミリーからのブランケットを手にする青木晴夫

はすぐに英語で、「素晴らしい贈りものを部族に残してくださり、本当にありがとうございました」と吹き込んだ。ネズ・パース語の将来は、まだ若い彼らの世代にかかっている。

部族の中学校の校長を務める、ピンカムの妻のデリサは、辞書のおかげで、大人が言語を学ぶのを、子どもたちが間近に目にする機会ができた、とよろこんでいる。

「大人でも大変な思いをして部族の言語を習得しているのを見せることによって、子どもたちも気長に、挫折しないで学んでいける。青木の辞書がなければ、子どもたちは自分たちの言語を学校で教わることができなかった」

わたしは預かったブランケットをスーツケースに詰め、ネズ・パース族の居留地から、シアトル経由でカリフォルニア州にもどった。すぐに同地に住む青木を訪ねて、ブランケットを手渡した。

「こんな大きなものを、悪かったですね」

と、青木は恐縮していた。ネズ・パース語の辞書によって、部族の若い世代に言語がたしかに継承されていると伝えると、うれしそうな笑みをみせた。

6　部族の流儀

名前を変えられた花たち

先住民と言語について、ダコタ族出身のキンバリー・トールベアーにきくと、部族社会では、白人は何にでも名前をつけたがる、と笑っていった。

一八〇四年にルイスとクラークの探検隊がトーマス・ジェファーソン大統領の支援を得て、アメリカ西部を旅したときに、平原部に生きるダコタ族の領土に足を踏み入れた。彼らはこのあと、さらに西に進み、ネズ・パース族が住む地域も訪れている。

この冒険の目的のひとつは、大統領に平原部の先住民の文化や生活習慣を報告することだった。そして、そのあと、虐殺や暴力がこの地域の先住民を襲うことになる。

白人探検家が来るずっと前から、ダコタ族の生活圏に生える植物は、すでに創造主がつけた名前をもっていた。先住民はそこに生きる植物と生活をともにして、対話を重ねて名前や効能を教えてもらう。人間のほうから偉そうに、勝手に名づけたり、効能を試そうとはしない。

そのいっぽうで、探検家や新参者の白人たちは、草木や花々に自分たちが発音しやすい名前をつけて、自分たちが発見し、その効能を一番よく知っているかのように振る舞う。名前をつけることは、名づけた人に権威をあたえてしまう。植民地主義のコンテクストで、勝手に名前をつける暴力は、先住民が代々継承してきた、その植物との関係を根こそぎ奪う行為だ。

同様に先住民の名前も変えられてきた。たとえば、彼女のトールベアーという苗字(みょうじ)は、もともとシャイアン族とアラパホ族の言語で「背の高いクマ」を意味する言葉だった。白人が発音できなかったからか、明確な理由は不明なまま、勝手に英訳されて、苗字になったそうだ。

また、彼女の先祖のひとり、ダコタ族のリトル・クロウ(ちいさなカラス)は、本来はべつの鳥を意味していて、完全な誤訳だという。キンバリーは「人の名前までも勝手に変えるのが植民地主義だ。侵略者の都合でいろいろなものが改名されてきた。軽蔑する侵略者の名前を、苗字として押しつけられた先住民も多い」と怒る。

おなじくダコタ族のダニエル・ワイナンスの先祖にはラコタ族のリーダー、シッティング・ブル(座っている闘牛)やアリカラ族の偵察員、ブラディ・ナイフ(血染めのナイフ)など、平原部に生きた先住民が名を連ねる。彼らの名前も英訳されて記録されている。ワイナンスは自身の苗字のことをこう話した。

「もともとはアリカラ語でブラディ・ナイフを意味する言葉が苗字だったらしい。だが、祖父が子どもの頃に寄宿学校に強制的に送られて、スパルタ式の同化教育を受けたときに、教員が発音できなかった。それで、国語教師の苗字を名乗るように命じられ、ワイナンスになったときいている。いまでは、その前のアリカラ語の苗字がどんな発音だったのかもわからない」

先住民のなかには、侵略者の勘違いで、縁もゆかりもないべつの部族の名前の誤った英訳を苗字にさせられたケースもある。その反面、わたしの苗字「鎌田」は英訳されたことはないし、まわりにいる先住民で、苗字が英訳された人には会ったことがない。

キンバリーは、「家族の起源である苗字を英訳せずに、原型を守り、新天地で生活していく移民とは逆に、先住民は、植民地主義的な民族浄化のプロセスと並行して苗字も変えられてきた」と主張する。

また、植物や動物は人間のそばに存在し、ただ捕まえられるのを待っているわけではない。ダコタ族のストーリーには、人間が動物を騙す内容のものもふくまれている。人間が努力して「騙さない」と、動物は「捕まってくれない（犠牲になってくれない）」。このことからも、ダコタ文化においては、動物にも文化や思想、希望や生活があることがわかる。

キンバリーは、お気に入りのカメのストーリーを話してくれた。

「人間のところにやってきたカメが、問題に巻き込まれ、殺されそうになったが、死んだふりをして人間を騙して、川に投げ込まれて生き延びた。そのあと自分の集落にもどり、帰りを待っていた家族（カメたち）にどれだけ人間にひどい目にあったかを、面白おかしく語った」

オチのない話だが、動物も生きる術を駆使して人間を騙したりする。人間よりも、愚かなわけではない。人間が動物よりも優れているとは断定しないし、より高度な発達したテクノロジーを有しているとも思わない。キンバリーは、人間の傲慢さをこう批判した。

「人間がすべてを所有できるという感覚は、極めてアメリカ的で、人間の過去の過ちから何かを学ぼう、という謙虚な気持ちを失わせてしまう。自己批判精神が育たずに、破滅に向かって行く姿勢なのだ」

知らされないまま

二〇一八年三月、わたしはニューメキシコ州北部のオケ・オウェンゲ族を訪れた。居留地で出迎えてくれたサンドラ・マルチネスが、墓参りに連れて行ってくれた。居留地の墓地にいくことは、珍しいことではないのだが、着いてすぐに誘われたので、いつもと様子がちがうな、と感じた。

そのあと、今度はマルチネスの親戚の家で昼食を食べることになった。彼女はあまり詳しくは語らないが、特別な集まりがあるらしい。墓地にいるときから、マルチネスはやんわりとその家族のことを話していたし、その親族のお墓にも連れて行ってくれた。きっと、最近、この家族には不幸があったのだろうと思った。

家のなかにはたくさんの人がいて、みな会話も少なく食事をしている。初対面の人たちではなかったが、久しぶりに会う人もいて、どんな会話をしたらいいのかわからない。まわりもこちらを見て、目で合図してくる。マルチネスとだけヒソヒソ話をして、昼食をご馳走(ちそう)になった。

それからマルチネスと居留地の外へ、夕飯の支度の買い物にでかけた。道すがら彼女から、実はさっきまでいた昼食の集まりが、部族の伝統では大切なお祝いの席だったと知らされた。

なんの集まりなのか、なんでその直前にわざわざお墓に連れて行ったのか、明確な理由はあるのだが、教えるわけにはいかない、とマルチネスは笑いながらも、時折すこし真剣な面持ちになった。ただ、こちらは墓参りのあとにいったので、てっきり、弔いの集まりなのだろうと思い込んでいた。

しかし、寂しげな感じで昼食をとるのが、もっともふさわしい祝い方だったようだ。一〇代頃からオケ・オウェンゲの居留地で時間を過ごしていたし、マルチネスとは三〇年ちかい仲なので、よくよく考えれば、なぜ直前に墓参りにいったのかも、なんのためのしんみりとしたお祝いなのか、おおよそ見当はつく。それでも、彼女にいっぱい食わされた気分になった。

だが、それは公言するようなものではなく、部外者が知るべきことでもない。ある特殊な事情があって、賑やかに振る舞うべきではない理由もわかる。自分が理解できたことを記録することが大切なのではなく、知らないふりをして、時間を共有することがもっとも重要なのだ。

こちらとしては昼食の席で、あまりまわりの人と喋らなかったので、失礼がなければいい、と願うだけだ。そんな心配をよそに、マルチネスはまったく気にしていないようだ。

「あなたのメンツなんか関係ないでしょ。大事なのはあなたをあの場所に連れて行ったというこちらのメンツと、我々とあの家族の関係。あなたは騙されたふりをしていればいいし、あそこにいた人たちも実はあなたが騙されていないことをよくわかっている。あの家族はあなたのことを前から知っているし、どうせそのうちまた会うんだから、そのときにまた、ご飯でもご馳走になりなさい」

タブーが多い部族の世界では、はっきりしないことがよくある。まだまだ、わからないことだらけだ。伝統文化や部族社会の内部のことは、容易に触れたり、理解したりできることではない。ただ、部族の人でも曖昧にすませていることを、部外者が明確にして、記録することにどんな意味があるのだろうか。

ジャパンで書く

その日の夜、賑やかな夕食のひとときを、マルチネスの家で彼女の息子夫婦とその子どもたちと過ごした。

食事が終わり、デザートを食べているとき、テーブルのうえにあったチラシの裏に、孫娘のシエラの名前を日本語で書いてくれといわれたので、カタカナで記すと、これが意外にウケた。それでそこにいる全員の名前を書くことになった。前になんども全員の名前を書いたことはあったが、そのたびに盛り上がる。そのときサンドラ・マルチネスが、

"Write my name in Japan."（日本でわたしの名前を書いて）といい出した。

それをきいた、まわりの人がクスクスと笑った。

「なんだよ、その英語。それをいうなら"Write my name in Japanese."（日本語でわたしの名前を書いて）だろ」

笑われているマルチネスは、家族のなかで誰よりもオケ・オウェンゲ族の言語であるテワ語を流暢に話せる。英語のまちがいは、それだけテワ語が完璧ということでもある。笑っていた人たちからは、マルチネスにたいしてすこし羨望の眼差しも感じさせられたが、年輩の女性を笑う行為はよくない。その場をとりもとうとして、わたしが、

「そうやって、君たちは俺の英語もバカにしてるのか」

と問いただすと、

「お前に、そこまで無礼なことをするわけがない」

とマルチネスの息子、ジョーがなだめてきた。

マルチネスのように「アメリカ」で生まれ育ちながらも、時折英語のまちがいをする先住民

こそ、尊ばれなければならないのかもしれない。

マイケル・ソーシも、おなじような経験をアメリカ西部のある部族の居留地でしている。彼の甥ケネディが、その部族の女性と同棲（どうせい）していた。ある日、ソーシがクルマで丸一日かけて、甥が住んでいる家を訪ねると、でてきた女性が、

「ケネディは不在です。彼の部屋で寝ています（Kennedy is not here. He is sleeping in his room）」と英語で対応した。

「なんという英語だ。それって、そこにいるって意味だろう。だったら、甥を叩き起こしてくれ。昼寝してる人を起こさない伝統でもあるのか」

と、ソーシは笑っていたが、「そこまで徹底して言語を維持しているのはすごい。先住民が正しい英語を話さないのは、抵抗の証だ」と感動していた。

彼の父親の出身部族であるナバホ族も、もともとの言語であるディネ語の維持に、比較的成功している。部族の新聞「ナバホ・タイムズ」（二〇一七年一一月一六日）によれば、単一言語話者としてディネ語だけを話す人は、七六〇〇人。ディネ語とそれ以外の言語を話す話者は、一七万人以上にものぼる。居留地にはディネ語のラジオ放送もある。

「アメリカ人に囲まれていても、学校で英語を強制されても、部族の言語を守り、生きているということだ。英語なんか、話せないほうがいいのかもしれない」

とソーシは興奮していたが、そういう彼もモハベ語が母語で、ケレス語（ラグーナ・プエブロ族の言葉）、ディネ語とスペイン語、もちろん英語も流暢に話せた。彼の母親であるマリエッタ・パッチは、わたしがソーシに一〇〇〇時間以上におよぶインタビューができたのは、ふたりとも借りものの言語の英語を使用していたからだ、と考えている。中身の濃い会話を、おたがいの言葉に訳すことで、いい間合いがうまれたのだろう。

それは「借りもの競走」で、助け合いながら走ってきたようなものなのかもしれない。モハベ語の文化を英語で表現するのは難しい。それは日本の俳句を英語で詠んでも、異質のものに響いてしまうのにちかいのかもしれない。

口承を重んじる人たちならではの、驚異的な記憶力なのか、ソーシと過ごした時間のなかで、彼がおなじ話をしたことは一度もない。また、意思の疎通ができていないと感じたこともない。ソーシやマルチネスだけではなく、居留地で部族の言語や文化に触れながら育った人たちは、人と話をするときにアメリカ人にも日本人にもないような独特な間合いをとる。目を見て話す人、握手をして強く握りかえす人は少ない。何かを話しても、会話がどんなに盛り上がっていても、こちらが投げかけた言葉を、ふわっとした柔らかい感じで包みかえしてくる。

話し合うことによって得られる手応えのようなものが、摑みにくく、捉えにくく、それでいて、返ってきた言葉からは、いつまでも尾を引く余韻のようなものが、ずっとひろがっていく。

第Ⅴ章
癒されない魂——イメージと現実のはざまで

ヒース・セントジョン（左）、娘ビダリシア（中央）と妻アナリア（右）

1　いまこそ先住民

なぜいま、先住民かって？
なぜいままで、先住民じゃなかったのか？
絶滅したと思われていたのか？
ずっと忘れられてきたのか？
なぜいま先住民かって？
そこに生きるヒントがあるから？
もしもそんなものが本当にあるのなら、
こっちが教えてほしいものだ。

ダコタ族のダニエル・ワイナンスは、生前、そういっては快活に笑っていた。なぜいま、先住民の話をするのか。なぜ先住民の研究をするのか。マイナーな分野だからか、そんな問いをわたしは、アメリカや日本で、なんどとなく受けてきた。

工芸品を作っているダニエル・ワイナンス

ワイナンスとはじめて出会った一九九二年頃、わたしは、たくさんの先住民が通うニューメキシコ州北部のちいさなコミュニティ・カレッジの学生で、一九歳だった。当時、彼をはじめとして、たくさんの先住民の人たちから教えてもらったことが、二五年以上経って、より深く理解できると思えることがよくある。

独特な口承文化を発展させてきた彼らのひとりひとりが残してくれた、軽く響きながらも重厚な意味をもつ言葉を理解するのに、長い時間がかかるのは珍しくない。目まぐるしく変化する時代のなかで、ずっと前に、先住民の人たちからきいた言葉が活きてくる瞬間がある。

かけくらべ

むかーし、むかし、ネズ・パース族の住む川沿いの大地に、仲の悪いカメとバッファローがいた。普段からちょっとしたことで、いがみあうようなギスギスした関係だった。

ある日、どちらがより速く走れるか、とのいい争いになった。

それを見ていたコヨーテが、そんなに競走したいのなら、と審判を買ってでた。

そしてカメとバッファローは、川沿いに延びる一本道で競走することになった。

コヨーテがつくったルールは簡単なものだった。彼が空高く矢を放ち、その矢が落ちた地点までいき、そこでUターンして出発地点にもどる。負けたほうが勝ったほうに食べられる、というシンプルかつ残酷なものだった。

体の大きさから見てもバッファローが有利なのは、誰の目にも明らかだ。そこでカメは、「自分は水のなかのほうが速く動けるので、川を泳がせてください」とコヨーテに頼んだ。バッファローはその条件をのむ代わりに、相手の位置を把握するために、カメには要所要所で頭を水面にだして、居場所を知らせることを約束させた。

コヨーテは、大きな弓を引いて、東の空の彼方に一本の矢を放った。それが地平線の手前に落ちるのを見て、カメは川に飛び込み、バッファローは駆けだした。

ドカドカドカドカ。バッファローは全力で大地を蹴って走り抜けていった。時折、カメの様子を見るために、川のほうに目をやりながらも、矢の落ちたほうへと向かっていった。カメは時折、川面に頭をだしていた。

矢の落ちた地点を回って、川のほうに目をやると、カメがまだ出発地点をすこし過ぎた辺りで、のんびり水面から顔をだしている。道草を食っても勝てるのだが、ここで油断してはいけない、とバッファローは気を引き締めて、ふたたび勢いよく大地を蹴った。

それを見たカメは、水のなかにまた潜った。まだまだバッファローには余裕があった。が、ふと気がつくとカメがどんどん追い上げてきて、すぐうしろまできている。バッファローは全力をだしたが、ゴール手前でカメの後頭部を見ることになった。カメはそのまま難なくゴールイン。呆気(あっけ)なくカメが勝ち名乗りをあげた。バッファローはすぐにカメに食べられてしまった。

あとになって、コヨーテが勝利したカメに、

「カメさん、どうしてあなたは、あんなに速く泳げたのですか？」

ときくと、

「コヨーテさん、川のなかには、わたしのトモダチがたくさんいるんですよ、えへへ」

とカメは不敵な笑顔を見せた。

関わり合い

二〇一七年八月、アイダホ州にあるネズ・パース族の居留地の町、ラプウェイを訪ねると、

部族政府に勤めるジョサイア・ブラックイーグル・ピンカムが、部族に伝わる「カメとバッファロー」の話をしてくれた。

なぜ彼が、この話を選んだのか、いまだにわからない。ただ、居留地のゆったりとした時間の流れのなかで、耳の底に残響している、先祖から受け継いだ話に、いまを生きるヒントがあるように思えた。

この物語からなにを学ぶべきなのだろうか。カメは生き残るためならば、インチキをしてもいいといいたかったのだろうか。それとも、カメを信じると、正直者のバッファローのように損をするということだろうか。ピンカムはただ、こう発した。

「なにもすべての寓話にイソップ童話のように教訓があるわけではないし、ある必要もない。物語に教訓をもとめてはいけない。そこにあるのは関係性で、先住民はそれを一番尊重する」

人間や自然、動物同士、一緒に社会をつくっていくのに、肝心なことはバランスのとれた関係性をいかに保っていくかということなのだろう。

ピンカムの語り口の余韻に浸りながら、バッファローが居留地の川べりを駆け抜ける光景を心に浮かべていると、今度は「アリとクロスズメバチ」の話がはじまった。

これからは、ずっと一緒

ある日、森のなかで、アリとクロスズメバチが揉めていた。

捕まえた獲物の分け前をめぐる口げんかだった。

両方とも欲が深くて、醜い言い合いになっていた。

どれだけ議論しても、どちらも一歩も譲らない。

そこに偶然コヨーテが通りかかった。

顔と顔を突き合わせるように、口角泡を飛ばして、口論に没頭するアリとクロスズメバチを見るに見かねたコヨーテは、ふたりの頭をくっつけて、そのまま岩にしてしまった、とさ。

理想のリーダー

居留地から見える山峡に、アリとクロスズメバチが口論したままの姿で、アーチ状になった、まっ黒な岩がある。おそらく、自然が歳月をかけてつくった特殊な形を見立てて、うみだされた民話であろう。ふたつのストーリーをきいて、競争をすること、敵対することの意義をすこしちがった角度から見たような気がした。

この物語でも、ピンカムは「関係性」を強調した。アリがいて、クロスズメバチがいて、コヨーテがいて、そして大地がある。個々の動物たちが大地を舞台にした物語でつながり、日常を彩っていく。

ところで、コヨーテは、たくさんの部族のストーリーに登場する。コヨーテの話には、失敗したりうまくやったりしながら、素朴な教えを学べるストーリーが多い。滑稽なものもあるが、人間界と精神世界をつなぐ動物としても敬われている。

なぜ、多くの動物のなかから、コヨーテがメッセンジャー的な役割を担うことになったのだろうか。ワナパム族のリーダー、レックス・バックと話したときに、彼はその「ちょうど、いい加減」を力説した。

リスだったらちいさすぎる。鹿やバッファローだったら、目の前にいたら狩猟しなくてはならない。犬も、平原部には食べる部族がいる。鮭などの魚だったら、水中にいるから、ストーリーをきくほうの息がもたないし、話をきくよりも漁をするほうが先になる。クマだったら話す前に逃げなくてはならない。犬猫や家畜ほど人間とちかくなく、オオカミほど怖くない。市井の人たちとの絶妙な距離を、行ったり来たりしているのだ。

「コヨーテは創造主がつくりだした特別な存在だ」とピンカムは主張する。だから民話のなかのコヨーテは、実在の動物とは異なる。物語のなかにいて不自然ではなく、いてもさほど気にならないが、かといっていなければ話がまとまらない。それがコヨーテの役割である。

いまアメリカでは、いや、日本でも、そんなコヨーテのように、融通無碍（むげ）なリーダーが必要なのかもしれない。

2　ヒーラーの想い

癒しが必要な人

地平線までつづく平原のところどころに、大地をくり抜いているかのように、石油掘削機が音をたてて稼働している。その壮大な景色を眺めていると、アメリカは軍事大国であるだけでなく、資源に恵まれた国土を有していることを改めて痛感させられる。その油井と共生するように、ユーツ族の人たちの住む家屋が見える。

二〇一七年八月、ユタ州の北東部にあるユインタ・アンド・オウレイ・インディアン居留地、ユーツ族の伝統的なヒーラー、フォレスト・カッチを訪ねた。州最大の都市ソルト・レイク・シティからクルマで七時間。巨大な湖の脇を通り抜けたかと思うと、一気に砂漠地帯がひろがった。さらに急勾配がつづく山道をひたすら走った。起伏の激しい、クルマでも体力を消耗する道のりだった。

カッチが住んでいる地域は、それまで見てきた景色とはちがって、豊かな川に沿った、牧草の生い茂る一帯だ。どこまでも平たい大地がつづくアメリカ中西部の平原部とは異なり、巨大

フォレスト・カッチ

な台形の土地のうえを牧草地が覆っている。

四方に視線を向けると、どの方向も遠くの山脈に突きあたる。それでいて、高地にいるためか、解放感がある。「高地の平原地帯」と呼ばれる地域で空がちかく感じられる。

居留地で豊富に採れる天然ガスが、大きな利益をうんでいる。その収益は部族員に分配される。年によっては、日本円にして年間一〇〇〇万円以上の分配金が部族員に配られることもあって、居留地の生活水準は比較的高い。

部族員になるには、八分の五以上の血筋の濃さが必要で、数ある部族のなかでも、わたしの知る限りでは、一番の血筋の濃さをもとめられる。仮に自分の両親のひとりが純血のユーツ族でも、もうひとりがユーツ族のクォーター（四分の一）以上でなければメンバーにはなれないことになる。

そのため、居留地に暮らしながらも、メンバーになれない人たちはたくさんいる。居留地の人口は、およそ五〇〇〇人。そのうち約三〇〇〇人が部族員だ。

潤沢な資源がもたらす分配金はたくさんの人びとを引き寄せる。部族員と婚姻関係を結んだメキシコ系ギャングによって、居留地の一部が麻薬取引の拠点になっているため、部族は深刻なドラッグの問題を抱えている。

カッチの家のベランダから見える牧場では、八頭の馬が放牧されていて、のどかな風景がひろがっている。そのなかには、カッチが人の心を癒すときに力を借りる馬たちがふくまれる。時折、馬が大地を蹴る蹄の音が心地よく響き、それに合わせるかのように、平原に吹く風が一斉に草花を揺らす。夕刻、牧草のうえで斜光を浴びた白い馬のたてがみが輝いて見えた。

部族のなかでカッチは、ヒーラーとして尊敬を集めている。彼によれば「ヒーラー」とは、べつの部族にとってのメディシンマン（呪術師）とおなじ役割で、伝統的な治療法に則った、町医者のような存在だという。

とはいっても、ひとりのヒーラーがあらゆる病に対応できるというわけではない。おもに薬草の調合やカウンセリングをおこない、内科医のような役割をする人や、骨折や打撲、事故の後遺症など、外科的な処置を専門とする人など、それぞれのヒーラーが専門分野を担っている。こんな時代だからか、居留地の外からも、自分の症状に合わせて、ヒーラーを訪ねてくる患者があとを絶たない。それでもいまは昔とちがい、部族古来の療法では、治せない病気がふえた、とカッチは心配そうな面持ちになった。

「現代社会の病気は複雑すぎて、ヒーラーの手に負えないことも珍しくない。白人との接触によってもたらされた、生活習慣の変化が原因の病もある。伝統と医学の両方を利用しないとアメリカ社会では生き残れない。ただ、西洋医学では歯がたたないような不治の病にこそ、ヒーラーの力が発揮されることが多々ある」

ユーツ族には、さまざまな専門分野に長けたヒーラーがいる。しかし、ヒーラー自身が癒す力を保持しているわけではない。人間のまわりにはたくさんの魂があり、それを助けが必要な人に紹介して時間をかけて治癒させるのがヒーラーの仕事だ。

国家のトラウマ

カッチの専門は、事件や事故によってトラウマを負ってしまった人や、先祖から受け継いだトラウマに悩まされている人に根気よく接し、精神を自由にする、現代医学のなかでは心療内科にちかい。トラウマから生じたストレスが原因で免疫力が落ち、深刻な病を引き起こす。知らず知らずのうちに病み、苦しんでいる人がたくさんいる。

一番重症化しやすいトラウマは、性的な暴力。レイプ被害者が抱える心の闇だという。その人の心を解放する作業には、長いプロセスが必要になる。それでもカッチは、人の心から完全にトラウマをぬぐいさることは可能だ、と断言する。

彼の場合、自宅の牧場で飼っている馬がもっている魂を利用し、助けをもとめてくる患者とゆっくり向き合う。自然のなかで、馬と時間を過ごすことで、人間の心が馬の魂を感じて大地とつながり、すこしずつ回復にむかうのだそうだ。

創造主がつくりだした人間の身体がもつ力は偉大で、計り知れない。その力をうまく利用していくことで、自分の身体に変化を起こす。そのきっかけをつくるのは、自身の心で、そのプロセスをすすめる手助けをするのがヒーラーの仕事だ。

免疫力の低下は、人体に限ったことではない。カッチは、急激に保守化するアメリカ社会にも、免疫力不足が顕著にあらわれていると嘆く。

「複雑な歴史を経て、なんとか固まっているように見えた多民族国家が、内部から亀裂が入って、崩壊しようとしている。国家の免疫力がなくなっている。敵は外から来ると考える人は多いが、実は本当の危機は内側から発生する。自分のなかでつくりだされた敵は、防げるように見えて、実はなかなか防げない」

翌日カッチは、自宅から一時間以上離れた、居留地の奥の鬱蒼(うっそう)と生い茂る森のなかにある、聖なる水の湧きでる泉に連れて行ってくれた。昔からユーツ族の人たちは、精神と体の免疫力

泉で水を汲むフォレスト・カッチ

を強化するために、そこに湧く、冷たく透き通る水を飲んできた。彼は自信をもってこういう。

「ひどいトラウマを負ってしまった人でも、すさんだ心をもつ政治家や金の亡者でも、治したいという意志さえあれば、自然の力と聖なる水で、平和な心と安らぎを得ることができる」

反省できない人たち

「どうして、アメリカは戦争ばかりやっているのだろうか。どうして差別や偏見はなくならないのだろうか。どうして、福島第一原発が爆発したあとも、わたしたちは原発を再稼働させてしまうのだろうか。どうして人間は過去の過ちから学べないのだろうか」

　と、かねてから気になっていたことをカッチにたずねた。彼は、アメリカの南北戦争を例にあげて、丁寧に答えてくれた。

国家が分断された、一八六一年にはじまった南北戦争。南軍は負けて、奴隷制度は廃止された。それと前後して、アンドリュー・ジョンソン大統領のもと、南部再建政策が開始された。南北戦争後のアメリカは、大きな成長を遂げることになった。

「人間は、反省する機会がなければ、当然、おなじことを繰りかえす。南北戦争のあと、被害者の黒人と加害者の白人が、きちんと、長い対話をもつべきだった。白人は自分たちが恩恵を受けた奴隷制が、なぜ廃止されたのか、本当の意味を理解する時間もなく、南部の再建が急ピッチですすめられた。加害者が、過去を反省することなく突きすすめば、やがて社会は破滅の方向にむかう。だから南部だけでなく、アメリカ全土でいまも熾烈な人種差別が残っている」

人種の対立という悲劇に限らず、過去の過ちを乗り越えていくには、時間をかけて自省しなくてはいけない。

彼の家に泊まった最後の夜は、明け方までなかなか寝つけなかった。

夜中に外がガサガサと騒がしくなったり、地響きのような振動を感じたり、閉めたはずの寝室の窓から強烈な獣臭がたちこめてきたからだ。

「クマの親子でも来たのでしょうか」と朝食のあとカッチにたずねると、「ビッグフット」かもしれないと声を弾ませた。

おもにアメリカ北西部の部族にいるとされる、神話のなかにでてくる巨人で、身長三～四メートル以上の大きな体軀で、遠路はるばる一〇〇〇キロ以上離れたユタ州のほうにも歩いて南下してくるという。独特な体臭をもち、シャイな性格で、みなが寝静まったあとに、様子を見にくるらしい。

早速、ふたりで辺りを丹念に探した。かすかに鼻をつく獣臭と足跡とおぼしき大きな窪み以外は、ビッグフットが来た形跡は発見できなかった。

カッチが住む世界は、わたしのような人間には入っていけないところにあるのかもしれない。

3　最後の「インディアン」

芸術家の挑戦

「パフォーマンスや芸術活動を通して、先住民のステレオタイプを壊したい。そうすることで、ほかの人種とも、もっと本音で話せる社会がうまれる」

二〇一七年夏、コロラド州デンバーの共通の知人の家で、パフォーマンス・アーティストと

グレッグ・ディール

して活躍するパイユート族のグレッグ・ディールは、力強く伸びのある声でそういった。傍らには、彼が描いた、ダコタ・アクセス・パイプライン反対運動をモチーフにした絵画がたてかけられている。これまで、彼はポスター作品の制作も手がけ、芸術の枠にとどまらず、見た人が議論をはじめるような挑発的で、アカデミックな解釈も可能な作品を発表してきた。

彼の名を一躍有名にしたのは、動画サイトにアップされた、首都ワシントンDCやニューヨークの路上で道行く人の度肝を抜くパフォーマンスだった。

ディールが身体にまとうのは、中国製の「インディアン・ジュエリー」(先住民の宝石)や土産物屋に陳列されているような、安価で一目でニセモノとわかる羽根飾りだ。彼はあえてニセモノを身につけ、「伝統的なインディアン」になりきり、都市部の路上で、「地球上の最後の先住民」という奇抜なアピールを実行してきた。

すれ違う人たちに、ステレオタイプのイメージを体現した、生きる「インディアン像」を見せることで、相手の心を解き放し、隙をあたえ、心の奥底深くに眠る先住民への偏見をあぶりだす。「インディアン」を目の前にして、浮き彫りにされるのは、意表を突かれた人が見せる一瞬の戸惑い。そして、アメリカ人が隠しもつ、二一世紀を生きる先住民にたいする本音がうかがえる。

意外にも、一見イカつい「インディアンのリーダー」の容姿にもおじけずに、気安く話しかけてくる人や、一緒に写真を撮影しようとする人がいる。なかには、馴れ馴れしく彼の衣装に触る人、「わたしにも実は、先住民の先祖がいる」といって親しげに近寄るまったく白人にしか見えない人たち、自分のほうが先住民についての知識があるといって、詰め寄る白人男性もいる。たくさんの人が、臆することなく「ホンモノのインディアン」にアプローチをする。

その模様をすべて、ビデオに録画して、動画サイトにアップする。圧倒的な存在感で路上に君臨し、「伝統的なインディアン」をアピールする動画は、たちまち話題になった。その独創的で斬新な手法は、先住民だけでなく、あらゆる人種、さまざまなジャンルの芸術家からも注目を集めている。オンライン講演番組（TEDxBoulder）にも出演を果たした。

洗練されたパフォーマンスの根底にあるのは、ディールの幼少期の経験だ。彼が生まれ育った町、ユタ州のパーク・シティは、住民のほとんどが白人だった。冬はスキー客で賑わうが、やってくる観光客もほとんどが白人で、彼の日常には先住民がいなかった。

彼の父親は白人で、母親は先住民。そんななかで自分は誰なのか、と戸惑う日々だった。学校にいけば、クラスで自分だけが先住民。自分の民族的な出自にたいして、ネガティブなイメージしかもっていなかった。

一八歳のとき、若者むけの音楽イベントを見にいくと、突然、人種差別者に顔を殴られた。殴られた痛みよりも、その一撃が心に残した傷とショックは大きかった。なぜ自分が殴られたのか、自問自答するプロセスに救いはなかった。いまも時折、その痛みを思いだすという。

誰が政治の舵取り（かじとり）をするかで、これまで先住民やマイノリティが必死になって築き上げてきた理想や共生する国土が、保守化する世界のなかで、一瞬のうちにこなごなに壊されてしまうかもしれない。ディールは自分の子どもの世代に安全な社会を遺すために、日々奮闘している。

「自分らしくありのままに先住民として生きること、自由にパフォーマンスして問題提起をすることが、共生する国土を守るための抵抗につながる」

4　ステレオタイプとスポーツ

奪われたイメージ

「これまで先住民のイメージは、たとえばチームを鼓舞し、観客を沸かすためのマスコットとして利用されてきた。先住民にとっての大切な先祖や神聖なものが、自分たちの大地を侵略し、いまも居座りつづけている白人によって歪曲(わいきょく)、模倣され、スポーツ界で濫用が繰りかえされてきた。もしも白人の宗教の頂点にいるローマ法王をマスコットにするようなひどいことをしたら、憤慨する人は多いはずだ」

ダコタ族のキンバリー・トールベアーは、白人が先住民のイメージをマスコットとして私物化し、商業主義に取り込んでいることに憤っている。

ジェノサイドの歴史を抱えるアメリカやカナダでは、植民地主義の歴史を彷彿とさせる先住民族のマスコット化は論争の的となってきた。先住民族をステレオタイプの対象として、差別を煽るイメージであるにもかかわらず使われつづけてきたのは、一部のスポーツ・ファンがそれに強い愛着を抱いているからだ。

たくさんの先住民の学生が在籍するアルバータ大学のある街、カナダの中西部エドモントンに本拠地をおくカナディアン・フットボールのプロチームの名称は、「エスキモーズ」だ。この言葉は、同国に居住するイヌイットを指す差別的名称として認識されているが、意外にもチーム名としては受け入れられている。

いっぽうで、今年の四月、カナダ東部のモントリオールにあるマギル大学は、一九二〇年代から体育会のマスコットとして親しまれてきた、先住民を意味する「レッドメン」を廃止すると発表した。先住民の在学生や教職員からの強い抗議を受けて、大学当局はようやく重い腰をあげ、決断にいたった。

アメリカ中西部サウス・ダコタ州にあるトールベアーの部族、ダコタ族が住むシストン・ワーペトン・オヤテ・オブ・ザ・レイク・トラバース居留地に隣接する白人が多数派を占める町、シストンの高校のマスコットも「レッドメン」だ。

「先住民が多い地域でも、イメージが悪用されている。人権運動のなかで、先住民みずからが『レッド・パワー』を謳(うた)ってきた経緯もあるが、白人が勝手に学校のマスコットを『赤い人』や『赤い肌』と名乗るのは差別的だ。先住民にたいして、なにが無礼なのか、想像することができないのだろうか」

と、トールベアーはあきれた声になった。アメリカン・フットボールのプロリーグでは、首都ワシントンDC近郊のメリーランド州ランドーバーに本拠地をおく、「レッドスキンズ」の名称と先住民男性の横顔をモチーフにしたチームのロゴにたいしても批判が高まっている。

先住民の肌は赤いという言説の根拠は、多岐にわたる。酔っぱらった顔が赤いという説や奴隷として搾取する黒人とは区別して、皆殺しの対象として、べつの色（赤）をつけたとするもの。さらに、暴行を受けて血みどろになったという説や日焼けした肌が赤いなど、諸説がある。

二〇一六年五月にワシントンDCの地元紙「ワシントン・ポスト」が五〇〇人以上の先住民を対象に、「レッドスキンズ」の名称についての調査結果を発表した。それによると、九〇％が侮辱的ではないと答えたという。わずか九％（一％は無回答）しか、このチーム名に不快感を抱いていないという結果だった。

この調査には、自称先住民もふくまれているので、居留地に息づく伝統的な価値観が正確に反映されているわけではない、としたうえで、カリフォルニア州バークレーの社会福祉士で、ラジオ・ショーのホストも務める、ラコタ族のヒース・セントジョンはこう指摘した。

「この手の調査はどこで誰を対象にしているのかが問題だ。先住民といってもワシントンDC近郊に住む人や、レッドスキンズのファンを相手にした調査なのではないだろうか。結果だけを見ると、地元のプロチームの過ちを、大手メディアが金儲けのために、弁護しているようにしか見えない」

さらに、マスコットの本質的な問題について、セントジョンは強い口調でこう訴えた。

「白人は先住民の文化をマスコットという形で支配することで、優越感を得る。逆に、先住民には喪失感と劣等感を植えつける。マスコット問題は歴史的な人種差別と政治的なプロパガンダが合わさったもので、先住民がいま直面している社会問題の基底に深く関わっている」

彼のいう先住民にたいする「支配」とは、トランプが大統領就任直後の二〇一七年一月に、アメリカ中西部の先住民の聖地を貫くパイプラインの建設を再開する命令に署名したことにも通じている。先住民の反対を無視し、環境破壊を招くおそれがある開発を、金のために強行する大統領の姿に、マスコット問題の一端が垣間見えるという。

先住民の名前やイメージ、土地や文化も、すべてを国家の策略によって略奪できる、という恐るべき風潮はいまもなお残っている。

先住民の国土

一九五〇年代にはじまった公民権運動の頃から、先住民のマスコットはつねに問題視されてきた。にもかかわらず、スポーツ界では、プロ、アマチュア、大学、高校、中学、小学校とレベルや年齢層を問わず、先住民および先住民の伝統文化に関連する名称（「インディアンズ」や「レッドメン」や「サベージ」など）をチーム名に冠することは、珍しいことではない。白人が記したアメリカ史やハリウッドの西部劇でつくられた、善良な開拓者たちの行く手を阻む野蛮で残酷、獰猛で攻撃的な先住民のイメージが、勝利を願うスポーツチームに利用されてきた。

アメリカ先住民国民会議（ＮＣＡＩ）によれば、過去三五年間で、先住民文化に由来する名前やイメージを使用していた二〇〇〇以上もの団体（プロ・アマチュアをふくむ）が、その名称やマスコットを変更した。そのいっぽうで、現在もおよそ一〇〇〇の組織が先住民にゆかりのあるチーム名やマスコットを使っているという。

現在もつづく差別

「我々をインディアンと呼ぶことは、日本人をジャップと呼ぶこととおなじだ。わたしはインド人ではない」

いまから二五年以上前、先住民の研究者を志した頃、親しくしていたカイオワ族のドナルド・ベアートラックに、ニューメキシコ州の居留地のちかくの町でいわれた言葉だ。それからしばらくして、一七歳だった彼のひとり息子は、三人組の白人男性に、路上で射殺された。

息子が着用していた赤いバンダナは、殺人鬼たちに「戦利品」として奪われた。「裁判所の法廷で見た殺人犯には、反省の色がまったく見られなかった。いまも『インディアン狩り』はつづいている」とベアートラックは嘆いた。先住民を殺して、身体の一部を軍隊にもっていけ

レッドスキンズのロゴ　ワシントン・レッドスキンズのホームページより

インディアンズのロゴ　写真：AP/アフロ

ば懸賞金をもらえた一九世紀を想起させるような事件だった。

先住民の呼称はいくつかある。これまで呼ばれてきたから、という理由で、「インディアン」と仲間内で呼び合う人もいる。ベアートラックは、アメリカ先住民全体の総称として、ネイティブ・アメリカンを好んでいたが、自身のことは、カイオワという部族名で呼んでいた。

蔑称としても受け取られる「インディアン」は、アメリカのプロ野球（メジャー・リーグ）で、オハイオ州クリーブランドに本拠地をおくチームの名称に、いまも使われている。ファンは「インディアンズ」のことを「トライブ（部族）」とも呼ぶ。

また、帽子やユニフォーム、旗やグッズなどについている、頭に羽根飾りをつけ、突きでた鼻と大きな前歯が印象的な、不気味な笑みを浮かべたカリカチュア、

「チーフ・ワフー」のロゴも批判されてきた。

ミシェル・ラヘージャは、もっと大きな問題に発展する可能性を指摘する。

「マスコット論争は、誰が先住民の文化を利用するかというレベルの問題と思われがちだ。だが、実際に大学などの白人が多数派を占める環境にいる先住民は、白人によってまちがったイメージで自分の文化が表象されることで、自信をなくし、自分の伝統や言語、家族や部族社会に否定的になってしまう。さらに先住民の顔のカリカチュアのマスコットが、ステレオタイプのイメージを助長し、白人に、先住民は差別してもいい民だ、という誤った認識を植えつけられてしまう。マスコットの乱用が、先住民におよぼす影響は計り知れない」

もともと「インディアンズ」という名称は、かつてクリーブランドにあった「スパイダーズ」というチームで、ペノブスコット族出身のルイス・ソカレキスが、外野手として三シーズン（一八九七〜九九）プレーしたことに敬意を込めて命名されたという。

これまでに、たくさんの先住民や団体がチーム名とチーフ・ワフーのロゴを批判してきた。二〇〇〇年には、ソカレキスの出身部族ペノブスコット族が、ロゴの廃止を訴えて、インディアンズに嘆願書を提出したが、やめさせることはできなかった。

それでも長年の抗議行動が功を奏して、インディアンズは、二〇一九年のシーズンからこのロゴを全面的に中止することを発表した（「ニューヨーク・タイムズ」二〇一八年一月二九日）。しかしチーム名は、いまも変わっていない。モハベ族の元判事で、アリゾナ州に住むマリエッタ・パッチは白人からの敬意は感じていない。

「自分たちの呼び方は、先住民みずからが決めるべきであって、野球チームが勝手に先住民の呼称を利用すべきではない。チーム側は、先住民に敬意をあらわすふりをしているが、名称を使う前に、まずは先住民の意見をきくべきだ。実際に生活している人を勝手なイメージで表現し、マスコットにすることは、民族の品位を落とすことでしかない」

セントジョンは、弾圧される側とする側の歴史観や価値観の相違からくる、根本的なちがいを指摘する。

「敬意や善意っていえば、なにをしてもいいわけではない。先住民を殺した白人たちは、仲間のため、国家建設のために善意を発揮して、先住民を絶滅の危機に追いやった。それは白人にとっての善意でも、先住民にとっては悪意以外のなにものでもない」

大学のマスコット

アメリカの大学スポーツ界では、体育会のニックネームを変える事態が相次いでいる。二〇〇四年、全米大学体育協会は大学の体育会で誤用されてきた先住民の伝統文化やイメージが、学生にあたえる影響を危惧し、三三の大学の体育会にチーム名やマスコットの使用に関して、自己評価するように要請した。その後、二〇校以上が変更することになった。

アーカンソー州立大学体育会は、一九三一年から、地域にゆかりのあるオセージ族の戦うイメージにあやかって、「インディアンズ」というニックネームを使用してきた。しかし、いまでは「レッド・ウルブズ」に変わっている。

テキサス州のマクマリー大学も、全米大学体育協会の要請を受けて、二〇〇六年に八六年間使用してきた体育会のニックネーム「インディアンズ」の継続中止を決断した。二〇一一年からは「ウォー・ホークス」に改名している。

ノース・ダコタ大学体育会は、同州にゆかりのある先住民スー族にちなんで、「ファイティング・スー」というニックネームで、チームのロゴは、頭に羽根飾りをつけた先住民男性の横顔をデザインしたものだった。現在は「ファイティング・ホークス」になり、ロゴも一新した。

全米大学体育協会の年間収益は、一一〇〇億円以上。アマチュアといえども、大学スポーツは莫大な利益をうむ巨大産業だ。このなかには、チケットやグッズの売り上げがふくまれていて、マスコットやロゴのデザインは、ビジネスと直結している。マスコットの変更には、グッズのデザインの刷新、スタジアムの改修工事など、膨大な費用がかかり、これまで実行に移されてこなかった。

現役選手の想い

「選手は、勝つためにプレーに集中しなければならない。チーム名やマスコットに意見できる立場にない。でも、自分の所属するチームの名前やロゴが先住民の文化を尊重していないとすれば、悲しいことだ。だから、〝応援団長チーフ・アライナウィック〟が、自分が入学する前に廃止になっていて、ホッとしている」

と話すのは、二〇一九年現在イリノイ大学アーバナ・シャンペイン校の三年生で、同校のアメリカン・フットボール部の現役選手として活躍するカミーロ・アイフラーだ。

応援団長チーフ・アライナウィックは、一九二六年からつづく同大学体育会の名物で、頭に巨大な羽根飾りをつけ、顔にペイントを施した白人男性が、派手な衣装に身を包み、縦横無尽に乱舞して、会場を沸かせてきた。もっとも、これは白人が創作した平原部で生活する狩猟部族のリーダーのイメージで、実在はしなかった、といわれている。全米大学体育協会の要請を受けて、二〇〇七年から同大学体育会は、このようなスタイルの応援はやめている。

アイフラー自身は黒人だが、スポーツ界にはびこる、先住民のマスコット問題を考えると、複雑な心境になるという。

「選手よりも、熱狂的なファンが、マスコットに固執する。それがアメリカの伝統で、地域のアイデンティティになっている。アメリカはもとより、チームのなかにもいろいろな人種がいる。もしも黒人を中傷するマスコットがあれば、自分も仲間も傷つく。ある人に好ましいことが、ほかの人にも好ましいとは限らない。他人の文化を無視して生きることは簡単なことだが、異文化を学ぶことで得られる喜びは大きい。それを教えるのが大学本来の役割のはずだ」

五輪と先住民

体育会のニックネームを改める大学があるいっぽうで、セントラル・ミシガン大学の「チペワ」、ミシシッピー・カレッジの「チョクトーズ」、フロリダ州立大学の「セミノールズ」などは、それぞれの立地と関係がある部族名を、個々の部族政府からの承諾を得て、現在も使用している。

ユタ大学の体育会のニックネーム「ユーツ（Utes）」も、同州の先住民ユーツ族にちなんだもので、部族が許可をだしている。先に紹介したフォレスト・カッチはこの件を部族政府で審議してきたひとりだ。

「部族内では賛否両論あったが、部族名の使用を認めることで、自分たちの存在がアピールできるという期待がある。大事なのは、部族とそのイメージを使いたい大学当局とが話し合いの場をもち、相互に理解を深めることだ」

ユタ大学のキャンパスにつづく目抜き通りの街灯や電信柱には、チーム名「ユーツ」の文字とシンボルの羽根飾りが描かれた応援旗が掲げられている。カッチは、モルモン教徒が多数派を占めるユタ州での先住民を取り巻く現状についてこう語った。

「不毛とみなされた居留地に閉じ込められ、自由を失い、食べるものがなかった先住民は、食料や衣料と引き換えに、多くが改宗し、伝統の継承は難しい。州内に住む先住民は貧困にあえぐばかりか、部族ごとの人数すらもはっきりわからない。先住民は、いまでも見えない民だ」

そんな州の最大の街、ソルト・レーク・シティで、二〇〇二年、冬季オリンピックが開催された。そのときに、カッチは同州のインディアン局局長として大会運営に携わった。

彼の働きかけによって、五輪の開会式では、同州の先住民がパレードに参加し、五つの部族の代表者が中央のステージで、それぞれ選手に部族の言葉で歓迎の意をあらわし、会場からは喝采を浴びた。このときのことをカッチはこう振りかえる。

「最初は、誰も開会式に先住民を参加させようとは考えていなかった。だからといって、見えない民が見えない存在のままでいいわけではない。見てもらえるまで声をあげる。すこしだけ目を向けられて、すぐに忘れられても、また見てもらえるまで訴えつづけるしかない」

先住民のイメージが、マスコットとしてもてはやされるいっぽうで、彼らが直面する差別や貧困、開発による環境破壊やドラッグ依存などの諸問題は、社会から無視されてきた。公民権運動から五〇年以上経ったいまなお、彼らが声をあげなくてはならない状況はつづいている。

5　リベラルの憂鬱

一縷の希望

「これまで先住民は虐殺や同化政策、あらゆる差別を生き抜いてきた。そのことを思えば、いまの極右のような政治的な状況は耐え凌げる。トランプの暴言が目立ちはじめてから、どこにいっても孤独を感じることがなくなった」

二〇一八年夏に会ったとき、ヒース・セントジョンは、意外にも「希望」を口にした。夕食の席などで、先住民が彼ひとりという状況でも、トランプの発言に苦言を呈するのは自分だけではない、と人種差別に反対する常識的な人たちとの連帯感を日々感じているのだ。

「国家のレベルでは、絶望的かもしれないが、コミュニティのレベルでは、団結が強まったような気がする。国家がどんどん暴走していっても、先住民やラティーノ系、黒人のあいだでは、こんなときだからこそ、おたがいに気遣い、助け合う人たちがいる。他人に起こりえる悲劇は、いつ自分にふりかかるかわからない。みんな弱者であり、標的になる可能性があるからだ」

セントジョンと、妻でエルサルバドル系アメリカ人のアナリアは、カリフォルニア大学バークレー校を卒業したあとに、それぞれ大学院に通い社会福祉士になった。ひと昔前ならば、夫婦でバークレー校を卒業していたら、丘のうえに建つプール付きの家で、高級車二台所有することが可能だった。

現在、彼らは2LDKのアパートに住み、家賃は約二三万円。夫婦と長男がそれぞれクルマを所有しているので、維持費はかさみ、物価は高く、当分は丘のうえでなくとも、家は買えそうにない。

それに追い討ちをかけるように、アナリアの母親が癌の手術をし、医療費に一一〇〇万円以上かかった。エルサルバドルの内戦で故国を逃れ、ようやく移民してきた両親にはすべての医療費をカバーするだけの健康保険がなかった。このときの治療費は、家族に大きな負担を強いることになった。

セントジョン夫妻が、わたしと大学に通っていた一九九〇年代は、努力すれば先住民やマイノリティも輝ける時代が来るという希望があった。いまでは白人であっても安定した暮らしを手にいれるのが難しい時代だ。

「アメリカン・ドリーム」という概念そのものが壊れたのではないか、とヒース・セントジョンは感じている。サンフランシスコに住むある家族の世帯年収は、日本円で約二〇〇〇万円だが、家賃と子どもふたりの教育費でギリギリだ、という。

結婚して家庭をもって郊外にマイホームを購入する。先住民やマイノリティだけでなく、白人もそんな夢を叶えられなくなってきている。有色人種が活躍できないことは、さして問題にされないが、自動車産業に関わる白人の労働者が困難を抱えれば、大きな話題になる。

「白人の苦悩はいつも深刻な問題として扱われる。金がないとか、仕事がないとか、大きなトピックになる。でも、昔から先住民には仕事もなく、金もなく、自由もなかった。そんな状態が普通だったし、実際にいまも多くの居留地は、貧困に喘いでいる」

メディアは白人の社会の混乱ばかりを報道する。そのむこうにある先住民やマイノリティの環境や人権問題などは、見えにくくなる一方だ。白人の貧困と先住民のそれには、背負ってきた歴史において大きな差があるとセントジョンは強調する。

「先住民にはいままでになかったものが、ないだけのこと。ないのが当然だった『ドリーム』だが、白人にとっては開拓者精神を発揮して先住民を殺していた時代から、このドリームの実現が、生きる目的のひとつだった。白人社会が抱える喪失感は、計り知れない。その反動で、このシステムを破壊したい、とヤケになった人たちが、アメリカを急速に右傾化させている」

キャンパスの貧困

「三食きちんと食べていない学生は、想像以上に多い。なかにはホームレスの学生もいて、ど

カルメン・フォグホーン

の人種も苦しんでいる。もちろん遠い居留地から、バークレーに来ている先住民の学生のなかにも、生活に困窮している人は少なくない。これだけ学費が上がり、物価も上がり、住居費も上がれば、よほど潤沢な予算がないと厳しい」

二〇一八年三月、カリフォルニア大学バークレー校の先住民学科の事務員、イスレタ・プエブロ族出身のカルメン・フォグホーンは、そういって、悔しそうな表情を見せた。彼女には、わたしが学部学生時代からお世話になってきたが、当時よりも大学のおかれた状況は格段に悪くなっている。

フォグホーンの話をきいて、彼女がボランティアをしていた、キャンパス内にある学生むけの無料の食品室（フード・パントリー）を訪れた。

「家族で大学入学者はわたしがはじめて。将来はエンジニアになって、ニカラグアの親戚たちを援助したい。生活費が高いので、この食料無料サービスはとてもありがたい」

バークレー校の学部学生、エディー・カスティーヨは、食料を鞄(かばん)に詰め込んだあと、ホッとした表情を見せた。全米屈指の名門校にも、学生が無料で食品を入手できる食品室がある。

校舎の一室に、寄付金で用意されたスパゲティや米、缶詰のスープやシリアルなどを配列した棚があって、在校生ならひと月に二回、品物にもよるが一度に五品ほど入手できる。

話をきいた黒人の学生は「家族三人のため」と大量の缶詰と野菜を笑顔で持ち帰った。扶養人数を申告すれば、その分の食品を入手できる。また、野菜や果物、パンなどは、市場などの売れ残りが寄付されるので、必要なだけなんどでももらえる。

わたしが在学していた九〇年代半ばから、物価は急騰し、格差はひろがりつづけている。食品室の運営を担当する大学職員のルーベン・カネドが、五人にひとりの学生が食事を抜いている現状を知って、助けようと動きだした。

「食品室だけでは生活支援は無理だが、自立の一歩にはなる。助けをもとめて人とつながれる。病気などの緊急時は、必要なだけ応援する」

カネドによれば、二〇一四年秋に食品室がオープンしたときは、一学期の利用者は四〇〇人未満だったが、二〇一七年の秋学期は二六八五人にものぼった。大学周辺の１ＬＤＫの家賃の平均は一三万円以上。毎年値上げをつづける学費は、ここ二〇年間で約三倍になり、公立大学なのに年間約一七〇万円（二〇一八年度。留学生など、州の住民以外は、さらに約三〇〇万円が必要）。

いまでは学生の一〇％、約三〇〇〇人が友人宅を転々としたり、空き家や車で寝起きする「ホームレス」を経験、四四％の学部学生が十分な食事が摂（と）れない危険にさらされている、とカネドは声をあげた。奨学金や学生ローンだけでは行き詰まる。

いっぽうで、大富豪の子弟が増え、その差は極端に拡大している。さらにトランプ政権下で、大学はあらたな予算削減の危機に直面し、職員の雇用を守るのに精一杯だ。みずからがメキシコ系のカネドは「いまこそ市民の連携が必要だ」と力を込める。

六〇年代にアメリカ社会を席巻した社会運動の拠点のひとつだったカリフォルニア大学バークレー校では、リベラルな教員と学生が多く、自由と平等が伝統的に尊ばれてきた。九〇年代、わたしが学生として在籍していた頃すでに歴然とした格差はあったが、急激に悪化の一途をたどっている。それでもまだ、貧困層の移民にも有名大学の門戸が開かれているのは、多民族社会の希望であり、近隣住民にも支えられる食品室は、この国の懐の深さを示している。

富裕層を再生産するアメリカ社会では、生活が悪化し続ける貧困層までもが、強権的な政治家に期待する悲劇的状況となっている。政府と地域社会、大学とが協力しあって、若者にやさしく手を差し伸べ、希望をあたえるプロジェクトが必要とされている。

先住民の学生たち

「数字のうえでは、バークレー校には全体で二二二人（二〇一七年度）の先住民の学生がいる（大学院生もふくむ）。しかし、実際に先住民学科が主催するイベントに来るのは二〇人くらいしかいない。入学願書に先住民と自己申請すれば、入学だけでなく奨学金を得るチャンスもひろがるから、先住民であることを宣言する。が、在学中にほかの先住民とは関わろうとしないし、イベントにも参加しない」

カルメン・フォグホーンは、そういっていぶかしがる。カリフォルニア大学バークレー校の計画および分析事務所（Office of Planning and Analysis）によると、二〇一九年度（秋学期）の全登録学生数は四万三二〇四人。そのうち先住民の学生は二〇五人、新一年生は二四人、三年次に他大学から移籍した学生は一七人と依然として少ない。それにともなって、キャンパスやその周辺での先住民関連のイベントに参加する人も、まばらになっている。

卒業式のシーズンになると、大学の事務室から先住民学生のリストが送られてくる。そのリストを頼りに、フォグホーンは先住民の学生に「先住民の卒業式」（各学部とはべつに毎年開催される）の案内を送っている。しかし、その大半が、先住民学生のリストから外してほしい、と返信してくる。

メリッサ・ストーナー

「彼らは先住民だと盛んにアピールして入学するチャンスを得るが、在学中に先住民と名乗るのをやめて、卒業していく。先住民の血を引くことを、自分の利益のために利用しているに過ぎない」

また、カリフォルニア大学、とくにバークレー校は進歩的である反面、先住民社会からは略奪の象徴としても見られている。キャンパス内にある人類学博物館には、たくさんの先住民の遺骨や遺品が所蔵されていて、このなかには略奪したものが多数ふくまれるからだ。

さらに、時代の流れを受けて、移民排除を訴える極右翼団体が市内で大規模な集会を企画したり、保守系の学生グループがキャンパスで右派論客の講演会を開催したり、右傾化に拍車がかかっている。その現状を見て、同大学図書館員のナバホ族のメリッサ・ストーナーは、先住民やその歴史文化が大学内で尊重されていないことを理不尽に感じている。

「先住民の学生を差別的に扱ったり、教室に先住民がいるのを知りながら、あえてまちがった先住民観を話す教員もいる。もともとバークレーは、先住民族オローニ族の領土だった。そこにあとからやってきた白人が虐殺をおこない、武力を用いて土地を奪い、町をつくり、巨大な大学を建設した。それなのに、社会的弱者に冷たく、先住民や移民の存在がだんだんと見えない場所になりつつある。どれだけ社会が右傾化しても、大学は弱者の味方でなければならない」

6　偏見

もしかして、先住民

「先住民でいることは、わたしのストーリーの一部だった。わたしが推測するに、それはわたしが生まれた日から」

二〇二〇年の大統領選候補と呼び声が高い、マサチューセッツ州選出の上院議員、民主党のエリザベス・ウォーレンは、みずからの出自についてこう語っている。ウォーレンは、自身の家系には、チェロキー族とデラウェア族の先祖がいて、彼女の祖父は先住民のように頬骨が高かった、と両親からきかされて育ってきたという（The Atlantic 二〇一二年五月二〇日）。

先祖の身体的な特徴をあげて、自分の出自を先住民と結びつけることは、人種差別のステレオタイプを固定化する恐れがある。しかし、そうまでしても一見白人にしか見えないウォーレンは、先住民であることを証明する必要があったのだ。

彼女が議員になる前に、勤めていた大学で、みずからの出自を偽り、先住民になりすまして、マイノリティ枠を利用したのではないか、という疑惑が生じたからだ。身の潔白を証明するために、ウォーレンは、DNA鑑定を受けた。先住民族の血を引いているという結果ではあったものの、これは、具体的な部族とのつながりを示すものではない。

この論争を受けて、二〇一三年に先住民族のDNAをめぐる政治的、文化的な葛藤を分析した著書『ネイティブ・アメリカンDNA（*Native American DNA* 未邦訳）』を出版し、高い評価を受けたキンバリー・トールベアーは、ネットに自らの意見を表明し、ウォーレンの行動を批判した。これ以降、彼女の発言は注目を集め、「ワシントン・タイムズ」やCBCニュースでも大々的に引用された。

キンバリーによれば、科学技術によって、誰であるのかを決めるのは、人間社会の営みとそぐわない。元来、誰が部族員であるかということは、部族政府が部族法に則って決めることだ。

これは自治権の範疇においてなされるべきだ。彼女はこういう。

「部外者が外部でDNA鑑定を用いて、科学的に誰が部族と関係していたかを発見したとしても、それは伝統的な見地、文化や歴史という観点から、部族と個人の関わりを示すものではない。また、大半を白人男性が占める科学者に誰が先住民かを判定させる権利をあたえてしまうことになりかねない。さらに、いままで白人として生きてきた人が、DNA鑑定の結果を用いて、先住民にもなり、同等の権利を得たうえで、さらに白人という特権も利用できるという排他的権利を得て、すべての面で、白人が一番優遇されるシステムをつくりだそうとしている」

これまでわたしは、「先住民だと思っていたが、調べたら実はちがった」という人や、その逆に、部族社会とはまったく無縁だったが、ある日突然、なんの根拠もなく「自分は先住民だ」と権利を主張しはじめる人に会ってきた。移民社会アメリカでは、DNA鑑定を利用して、先祖のことを調べることは日本よりも一般的だが、キンバリーはこうつづける。

「育った環境が、その人をつくるはずなのに、第三者に調査を依頼しなければ、自分が先住民かどうかわからないというのは不自然だ。仮に遠い先祖のひとりが先住民であったとしても、それがその人の人生にどれだけの影響をあたえているのかはわからない」

一般的に、先住民のアイデンティティを構築する要素は、先祖の存在（血筋の証明）や、連邦政府もしくは州政府から承認を受けた部族政府に、部族員として認められていること（法的な証明）、部族固有の文化を受け継いでいることなどが挙げられる。

現在のアメリカ社会において、自分は先住民である、もしくは、先祖に先住民がいる、と宣言している人は珍しくない。先祖代々、アメリカで暮らしている人のなかには、先住民の血を引く人はかなりの数にのぼる。地域によっては先住民の血を引いていない人を探すほうが難しい場合すらある。つまり、先住民の血をすこしでも引く人が先住民であるのならば、アメリカ人の大半が先住民という可能性もでてくる。

先住民でないのに先住民の格好やふりをしたり、先住民であると宣言する人（白人の場合が多い）を、先住民たちは「ワナビー（wanna-be）」と侮蔑の意味を込めて呼ぶ。ワナビーには先住民の血をほんのすこしだけ引いていて、見た目も白人で、まったく先住民とは関わってこなかった人もふくまれる。

モハベ族には、こんな言葉がある。

「自分のアイデンティティを偽って、都合のいいときにだけ、先住民になる輩は放っておきなさい。その人はじきに自分自身で滅びていくのだから」

いっぽうで「自称先住民」ではなく、法的に先住民であることを証明するには、連邦政府もしくは州政府から承認を受けた部族政府が設定する規定を満たし、部族員として認められなくてはならない。部族員は、それぞれの部族政府が提供する、福祉や医療などをふくめた社会保障を受けることができる。

たとえば、経済開発によって生じる利益から、分配金や奨学金を受給する権利を得られたり、居留地での居住や雇用が優先されたりする。それだから、経済的に潤っている部族のなかには、自分も部族員かもしれない、という問い合わせが殺到しているところもある。

先住民はアメリカ合衆国の市民であるだけでなく、部族国家の一員でもあり、いわゆる二重国籍を有していることになる。部族員の登録規定は、個々の部族によって異なり、一様ではない。たいがいの部族政府は、申請者が、部族の血筋をどれくらいの割合で引いているか、両親の出生証明書とともに、血筋の割合（ブラッド・クアンタム）を明示するように義務づけている。

血筋の割合の規定において、先述したフォレスト・カッチのユーツ族の「八分の五」や「二分の一」を定めるミシシッピー・バンド・オブ・チョクトー族や、ヨンバ・ショショーニー族、祖父母のひとりが先住民であることをもとめる「四分の一」のモハベ族やナバホ族、ヤカマ族やオケ・オウェンゲ族などがある。それよりも低い八分の一、一六分の一の血筋の割合という規定を設けている部族もある。

その反面、部族間や異人種間の結婚が急増している現在、血筋の割合をもとに部族員を判断する傾向には限界がある。このままいけば、部族法を変えて緩和策をとらない限り、部族の人口は減少していくばかりだ。

また、血筋の割合で誰が先住民なのかを決めるのは、植民地主義の一環で、先住民を絶滅させるための策略とみなすこともできる。一九世紀からはじまった連邦政府の同化政策は、たくさんの部族の子どもを強制的に寄宿学校に住まわせて、白人のように育てることを標榜（ひょうぼう）していた、ということはすでに書いた。

この寄宿学校のもうひとつの目的は、各地の先住民を集め、べつべつの部族出身者同士を結婚させることだった。部族間の混血をすすめれば、いずれは部族に所属できる先住民の数が減り、部族社会の弱体化につながるからだ。だから、血筋の割合を審査基準にすることは、一〇〇年以上前に連邦政府が先住民を白人化し、部族を消滅させるために打ちだした同化政策の延長にあるといえる。それを部族政府が部族員の審査に応用していることになる。

血筋の割合が部族員登録の審査の基準になったのは、もともと一八世紀初頭のコロニアル・バージニア（東海岸北部）だった。当時は、五〇％以上を先住民として、その権利を認めていた。この方法が、部族社会をおもにアメリカ的につくり直す法律、一九三四年の「インディアン再組織法」の施行と同時にひろめられた（BBC News 二〇一一年七月一〇日）。

寄宿学校の影響もあって、部族間の婚姻は盛んになった。複数の部族の血筋を一定以上有している場合、たとえば、ふたつの部族の血筋を四分の一以上の割合で引いていて、それぞれの部族の基準が四分の一以上だった場合、どちらの部族に所属するかを選ぶことができる。

キンバリー・トールベアーは著書において、自身の血筋についてこう述べている。彼女の先住民の血筋は合計三二分の一三で、内訳は四分の一がシャイアン・アラパホ族、三二分の一がシストン・ワープトン・オヤテ（ダコタ族）、一六分の一がそれぞれフランドロー・サンテ・スーとタートル・マウンテン・チペワだ。

「分数計算ができる、高価な計算機が必要だ」

と本人が笑っていうように、二分の一、四分の一と半分ずつにならないので複雑だ。

一時期、彼女は血筋の割合が一番高いシャイアン・アラパホ族の一員だった時期がある。が、彼女自身はダコタ族の居留地で育った。それでいまは、文化的なつながりが深いダコタ族（シストン・ワープトン・オヤテ・オブ・ザ・レイク・トラバース居留地）のメンバーになっている。血筋の割合の高さが、そのままその人の部族アイデンティティと結びつくわけではない。

「お金持ちの部族に入って、美人の白人と結婚しよう！」

一時期先住民男性のあいだで流行ったジョークだ。自分の血筋のなかで、もっとも経済的に潤っている部族の一員になって、多額の分配金を受け取る。そして、美しい白人女性を誘惑して結婚する。これは先住民が描く「アメリカン・ドリーム」のひとつなのかもしれない。

約束

一部の先住民のあいだでは、純血先住民(Full Blood Indian)のことを、ジョークで「FBI」(連邦捜査局＝Federal Bureau of Investigation の略とおなじ)と呼ぶ。ダコタ族のダニエル・ワイナンスもカウボーイハットの下から、長髪のポニーテールをなびかせながら、「俺はFBIなのに、スピード違反で捕まった」と笑わせたあとに、少し真面目な声でこう発した。

「誰が先住民かという議論がでてきたのは、それだけ混血やワナビーが増えたからだ。実際に目立った発言をしている先住民は、白人の血が混ざっている人が多い。FBIは先住民と公言する必要も、先住民のふりをする必要もない。どこからどう見ても、先住民以外にはなれない。だから議論する必要もない」

一九九〇年代、彼はよく「金がなくなったら、『インディアンの血』をワナビーに売る」といっていたが、わたしは笑えなかった。この頃から、すでに先住民になりたい人たちのことは、話題になっていた。

「これまで先住民は、同化政策で文化を奪われて、白人のようになれ、と強要された。でも肌の色がちがうのだから、白人になれるわけがない。それなのに、いまでは先住民から奪った文化を、あたかも自分たちの文化のように見せるワナビー・白人がたくさんいる。おかしな時代だ」

みずからの出自を偽る人たちの話をきいて、ワイナンスが小学生のときの経験をポツリと話したときのことを思い出した。

「白人の教師からいわれもない罪を着せられて、毎日のように殴られた。悔しかったが反抗できず、ただ受け入れた。白人の嘘が真実になり、先住民の真実は忘れ去られる。嘘の多い国だからこそ、これから出会う人たちと信頼関係を築いていきたい」

歴史的に見ても、先住民は騙されつづけてきた。一七七八年から一八七一年にかけて、先住民部族とアメリカ連邦政府のあいだで、五〇〇を超える条約が締結された。領土に関する取り決めや物資の援助など、さまざまなことが盛り込まれているが、そのすべてが書面に記された通りには履行されなかった（「インディアン・カントリー・トゥデイ」二〇一三年八月二三日）。

「約束を破った人たちがつくった国が、アメリカだ。先住民は、できない約束はしない」

とワイナンスは断言する。そのいっぽうで、まったくレベルのちがう話だが、わたしのこれまでの経験のなかで、知り合いの先住民の大半は、待ち合わせをすると、必ずといっていいほど遅れてくる。これは一般的に、「インディアン・タイム」と差別的なニュアンスで呼ばれる。

ひどかったのはマイケル・ソーシで、木曜の昼に来る約束をしたとき、火曜の夕方になって「ちょっと道が混んでいた」と悪びれる風でもなく、ひょっこりとやってきたことがある。

ワイナンスはそれほどひどくはないが、彼も遅刻の常習犯だった。彼はこう弁明した。

「そもそも先住民の時間の流れはちがう。時間を守ることが重要なのではなくて、会うことをまっとうすることが大事なのだ。先住民は約束の時間を守れないのではなくて、双方にとって一番安全で最高のタイミングで登場する。そこからものごとは必ずいい方向に向かうものだ」

カジノが建てられ、出勤時間の厳守が居留地の新しい文化になりつつあった一九九〇年代はじめ、クリスマスプレゼントとして、腕時計が流行っていた。それで、みんなが時間に正確になった、とはきいていない。

歩けない町

二〇一六年、サンフランシスコ近郊の都市部は、大統領選の予備選挙に立候補した民主党の革新派である、バーニー・サンダースの支持者が多かった。ところが、そこから、クルマで二時間しか離れていないポモ族の居留地の周辺では、反先住民や反移民感情むきだしの連中が闊(かつ)歩(ぽ)していた。

一九五〇年代から六〇年代にかけても、おなじような傾向が見られた。サンフランシスコやオークランド近郊では、公民権運動の影響で、先住民の人権回復をもとめる声があがっていた。六九年には、サンフランシスコの沖合に浮かぶ、アルカトラズ島の連邦刑務所跡地を、先住民の活動家や学生たちが占拠して、人権擁護を訴えていた。しかし、サンフランシスコからクルマで二時間ほど内陸に入った居留地に隣接するユカイヤでは、人種差別が色濃く、「犬とインディアンはお断り」と書いて入口に貼るレストランが、軒を連ねていた。

ユカイヤの郊外に暮らすヨケュヨ・ポモ族の伝統的な籠職人、クリスティン・ハミルトンは会うたびに、「ただただ、厳しい時代だった」と当時を振りかえった。

「子どもの頃、町中のいたるところに、あの嫌な貼り紙（「犬とインディアンはお断り」）が貼ってあった。家族はレストランに入ることも、買い物にいくこともできなかった。でも慣れてしまうと、自分たちはどうせその程度の人としてしか認められない人間なのだ、とすべてをマイナスに思うようになった。あの時代には、誰も好き好んでインディアンになろうなんて、まちがっても思わなかった。あの頃は先住民でいることになんの意味もなく、差別の対象になるだけだった」

ハミルトンによれば、一九八〇年代に入るまで、ヨケュヨ・ポモ族だけでなく、周辺に点在するポモ系の部族では、メキシコ人に見える人に、買い物を頼んでいた。そうでもしないと、生活必需品すら手に入らなかった。先住民であるのを隠すことが、生きていくための必須条件だった。

「姉は比較的メキシコ人に似ていたから、買い物は姉の役目だった。自分もメキシコ人に似て

クリスティン・ハミルトン

いたら、どれほど自由だったか。べつの人種にたいする憧れを口にする人が多かった。部族のなかでも、先住民に見えない人のほうが、発言力があったりした。自分が先住民だなんてまわりにいったら、何をされるかわからなかった。誰もが目立たないように、目立たないように、と暮らしていた。わたしはもろに先住民の顔をしているから、外を歩くのさえ怖かった」

ヨケュヨ・ポモ族は、周辺に居住するそのほかのポモ系の部族とは異なり、連邦政府からの承認を受けていない。連邦政府に承認をもとめる運動は、一時期はあったものの、現在は下火になっている。

「自分たちを差別してきた連邦政府から認められないと、先住民になれないのは理不尽だ」

とハミルトンは連邦政府からの承認を獲得するための運動には、まったく関心を示さない。

この部族は、ユカイヤの郊外にひっそりとたたずむ、三〇人くらいのちいさな集落を形成しているが、部外者の立ち入りは制限されている。それほど過酷な歴史を経てきたのだ。

「ところがいま、先住民になりたいと思う人たちの大半は、先住民というアイデンティティを満たすために部族に所属したいというよりも、分配金やそのほかの利益が目的なのだ。部族員になることで、得することがあると考えていても、その人たちが部族社会のために何かをするとは思えない」

白人として人種差別を受けない日常を過ごしながらも、どこかの部族のメンバーとして所属し、特権を得て、もしくは部族の所属なしに、先住民としてのアイデンティティを享受し、自己の多様性を満喫することが、一部の白人アメリカ人のあいだでひろがっているようだ。

現在もつづく差別

「『犬とインディアンはお断り』と記された紙が町中に貼りめぐらされていた頃、先住民は道で立ち止まることすらも許されなかった。年配の先住民が歩き疲れたとき、休憩してもいいのは、ダウンタウンの中心部にある裁判所の前だけ。それ以外の場所で休憩したら、何をされるかわからない時代がつづいた」

ポモ族のエリカ・カーソンは、居留地に隣接するユカイヤ市内の喫茶店で、一緒にコーヒーを飲んでいたとき、すこし暗い面持ちで、窓の外に目をやりながらいった。

「祖父母や両親の時代は、誰も先住民になろうなんて思わなかった。出自を隠して生きようとしても、見た目でわかってしまい、隠せなかった」

その頃の名残りで、現在もユカイヤには先住民への偏見が色濃く残る。地元の小学校や中学校で、部族の子どもたちがいじめに遭うのは、珍しいことではない。

抑圧された環境で、先住民の子どもたちは消極的な性格になってしまう。学校に相談しても、人種差別は昔のことで、いまはもうないと片付けられる。

その反面、先住民はカジノで成功していて、なんでもタダでもらえる、と勘違いされている。それも学校でのいじめの原因になる。トランプが一部の部族に嚙みついているのもこの点だ。しかし、彼女はそのステレオタイプを否定する。

「払うべき税金はきちんと払っている。健康保険は部族のメンバーだから一定水準は保障してもらえるけれども、電気代も水道代も支払っている。家賃も部族政府に払っている。大学の学費もちゃんと払っている」

彼女が住む、レッドウッド・バレー・ランチェリア・オブ・ポモ族居留地には、わずか三七の家屋しかなく、カジノも誘致していない。部族員の総数は、およそ三〇〇人だが、その多くは居留地の外で生活している。カジノで潤う部族がある一方で、ちいさいながらも、伝統文化をつぎの世代に伝えながら、しっかりと生き抜いてきた。

7　海を渡った同胞たち

大関はダコタ族

「体つき、顔の輪郭、目つきといい、すべてがまちがいなくダコタ族」

二〇一〇年のことだった、キンバリー・トールベアーが懐かしそうに見つめていたのは、カリフォルニア州バークレーの我が家のアパートの壁にかけてあった、大相撲カレンダーの魁皇関だった。キンバリーは、じっと見入って、「すごくセクシーだ」とつけ加えた。

翌日、キンバリーと母親のリーアン、娘のカルメンを拙宅に招いて、スープとパンの簡単な夕食をだした。そのときに、リーアンは「寄宿学校を思い出す」とつぶやいた。

この世代の先住民は、教会の運営する寄宿学校に送られた人が多い。サウス・ダコタの居留地に生まれたリーアンの両親も大半の先住民同様に、幼いときに寄宿学校に連れて行かれ、ひどい虐待によって深刻なトラウマを抱えていた。家庭が貧しかったので、リーアンの両親はやむをえず、子どもたちを居留地の外にある教会が運営する寄宿学校に送り込んだ。

寄宿学校でリーアンは、日々先住民の文化や言語、習慣のすべてを捨てるように強制された。以前、彼女からそこで受けた虐待についていてきいたことがある。教会の関係者たちは、来客の前では、寄付を募るために、先住民の子どもにやさしく接するが、陰では暴力で子どもを支配していたという。

食事も粗末だった。一度に大人数を食べさせないといけないので、野菜と少量の肉が入ったスープとパンだけだった。つくるのも簡単、かつ一定の栄養も摂れて、一石二鳥だったのだ。

拙宅での食事で寄宿学校の苦しい記憶が蘇ってきたのかと思いきや、肉がやわらかい、とうれしそうにいってくれたのですこしだけ安堵した。食事のあと、キンバリーが待ち構えていたように、我が家に飾られていたカレンダーの前に母親をたたせた。魁皇の写真を見せた瞬間、リーアンは、笑いながら叫んだ。

「おー、おーこんなところにも、わたしたちの同胞がいる」

「そうでしょ。これはすごいことでしょ」

とキンバリーもうれしそうなのだが、半ば冗談のような部分もある。その場を盛り上げようとする、彼女たちのサービス精神なのだろう。リーアンはこう断言した。

「まず、まちがいない。体つきから顔つき、肌の輝き。同胞が海を渡って、苦労して遠い異国のスポーツを学んで、活躍しているふうに見える」

もちろん、関取ならば誰でもいいというわけではない。おなじカレンダーに写真が載っている琴光喜（愛知県出身）は日本人顔で、モンゴル出身の白鵬と朝青龍はもろにモンゴル。把瑠都（エストニア出身）も琴欧洲（ブルガリア出身）も、先住民の顔ではないそうだ。

ただ、福岡県直方市出身で、東京都墨田区にある友綱部屋の力士、魁皇（本名：古賀博之）に関しては、ダコタ族にちがいないと確信をもった声でいった。

「腹回りがまさにダコタそのもの。ダコタ族の人間が『この人はダコタ』とみなせば、その人はまちがいなくダコタだ」

とリーアンはすこしほほ笑みながらいう。ちなみに彼女の長男リチャードは、ほとんどのダコタ族の男性がそうであるように、巨漢だ。彼の家のキャビネットに大切にしまってある、プロレスラーのハルク・ホーガンと並んで写した記念写真を見せてもらったことがある。彼の隣では、元世界ヘビー級チャンピオンのホーガンは子どもにしか見えなかった。

トールベアー母子が、「魁皇はアメリカ大陸の平原部から、アジアに渡ったダコタ族の末裔だ」と、冗談めかして語るのには理由がある。

これは、アメリカ先住民はその昔アジアからベーリング海峡を渡った人たちの子孫である、という定説への最大級の皮肉だ。キンバリーをはじめ多くの先住民は、自分たちの先祖は北米大陸で生まれ、ベーリング海峡や海路でアジアに渡ったと考えている。これこそが通説の逆をいく「先住民史」だ。キンバリーは誇らしげにいった。

「自分たちの祖先は、アジアから人びとが渡って来るはるか以前からこの地に存在していて、北米大陸からアジアに渡っていったのだ」

先祖の魂

「せっかくだから、一度身に着けてみてよ。似合うかどうか見てみたい」

アイダホ州のネズ・パース族居留地。ジョサイア・ブラックイーグル・ピンカムの家で話をきいているとき、いきなり、代々受け継がれてきた、伝統衣装を着せられることになった。もちろん、貴重なものを気安く着るわけにはいかない。断りつづけるものの、「まったく問題ないから。これを着てくれなかったら、逆に先祖が怒るよ」となんどもいわれて、着用しなくてはいけない雰囲気になってしまった。

わたしはこれまで、いく先々で、先住民の人たちからさまざまな装飾品をもらってきたが、身に着けることはめったにない。ワナビーだと思われたくないからだ。

仕方なく、巨大な羽根飾りを頭にかぶり、ヘラジカの皮でできた衣装に袖を通すと、思ったよりも身体にフィットする。見た目が派手で、すごく重そうなのだが、ゆったりしているので自由がきく。分厚い素材なので、防寒対策だけでなく、戦闘時には防具としても使えそうだ。

すぐに、わたしを囲んでの写真撮影会になった。遠慮したかったのだが、ピンカム一家がどうしてもというので、断りきれずに応じてしまった。あまりに盛り上がるので、要は、みんなこんな騒ぎをしてみたかったのだ、と何かわかったような気がした。

その夜、そのときの写真を、キンバリーにメールで送ると、一分も経たないうちに、すぐに電話が来た。彼女は興奮した声だった。

「やっぱり、あなたもアジアに渡った、我々ダコタの子孫だったのかもしれない。どうりでたまに見せる仕草がダコタっぽいし、昔、ダコタ族にいたリーダーの横顔に似ているわけだ」

ローワー・スー・インディアン・コミュニティ居留地でのパウワウ

と、冗談めかして話す。喜んでいいのか、よくわからない意見だ。「どうりであなたは、ラコタ語の発音がうまいはずだ」とキンバリーは、完全に調子にのっている。ラコタ語は、ダコタ族とおなじ文化圏で話されている言語で、学部学生のときにクラスを受講して、猛特訓を受けたが、いまはすべて忘れた。

万が一、わたしがダコタ族であるとすれば、魁皇とおなじ部族出身ということになる。こちらとしては、ただただワナビーと思われたくないだけだ。

半年後、キンバリー、リーアン、彼女たちの家族とともに、ミネソタ州のローワー・スー・インディアン・コミュニティ居留地で開催されたパウワウ（ダンスの祭典）にいった。リーアンはそのとき、ネックレスを買ってくれた。平原部族がつくったバッファローの骨でできたものだ。

高価なもので、きれいに磨かれた真っ白な骨にカラフルなビーズがちりばめてあった。リーアンは普段は厳しい表情をしているが、ときどき、とてもやさしい瞳を輝かせる。

「あなたが成功して、大きな舞台で、大観衆の前でスピーチをするときは、必ずダコタ族のものを身に着けなさい」

あいにく、その機会は来そうにない。

二〇一七年末、キンバリーは東京の郊外の我が家で、二〇年来の親友であるわたしの妻とわたしと一緒にクリスマスを過ごし、正月を迎えた。近所の安い居酒屋チェーン店で見かけた、疲れ切った日本のサラリーマンと、居留地をけだるそうに歩くダコタ族の面々がだぶって見えるそうだ。梅サワーを大ジョッキで飲み干すのが好きな彼女は、わたしたちにこういった。

「姉弟は血筋で決まるものだが、『魂の姉弟』（ソウル・ブラザー）は、それまで過ごしてきた時間と生き方、価値観と味覚でつながっていく。どちらもおなじくらい大切で、尊いものだ」

第Ⅵ章 天国にちかい部族——プエブロ族との日々

先住民のダンサー

1　いい奴と過ごした日々

神童の言葉

「やっぱりなぁ、やっぱり、ダメだったのか。そうかぁ、ダメだったんだ。よかったな。それでいい。ダメだったのか。本当によかった。ダメだったんだ」

プエブロ族のロバート（仮名）は何かに失敗した人と会うと、不謹慎にも満面に笑みを浮かべて寄り添い、決まってこう語りかけた。

一九九〇年代はじめ、ニューメキシコ州北部のプエブロ系のある部族居留地で彼と暮らしていたときに、彼がそう語りかける場になんどとなく居合わせた。

不摂生から朝起きられず仕事をクビになった人、飲酒運転で捕まって免許停止を食らった人、だらしなさから家族に愛想を尽かされ家から追いだされた人、自分自身で自分の生活を苦しめ、救いようのない自己嫌悪に陥っている人にも、彼はおなじことをおなじようにいっていた。

どんなに落ち込んでいても、ロバートに寄り添われ、笑顔でこういわれると、気持ちが和らぐのか、怒る人はいなかった。

彼がわたしにこの言葉をかけてくれたのは、地元のコミュニティ・カレッジに通っていた九〇年代前半、州最大の都市アルバカーキにあるニューメキシコ大学に編入しようとなんど応募書類を提出しても、大学側からはなんの返信もなく、落ちこんでいた頃だった。

「やっぱりな、ダメだったか。そうか、ダメだったのか。やっぱり無理だったのか。それでよかった。よかったじゃないか」

なにがいいんだかわからないときでも、彼はそういって笑った。一日になんども「それで、よかったじゃないか。ダメだったのだから」といっては、どこかべつの世界のことを考えているようだった。

仕事がなく、困っていたときも、彼はおなじ言葉をおなじようにかけてくれた。

「外の世界でどんなに不運だったとしても、いいじゃないか。ここでは、お前を囲む人たちの評価がすべてだ。もどってこられることが、すべてなのだ」

癒されているのか、けなされているのか、よくわからない。どんな意図があるのか。ただただ彼の笑顔は、底抜けに明るかった。

居留地の風に吹かれながら、なぜか肩の力が抜けて、さまざまな悩みがどうでもよくなっていく。その口調と笑顔に、人の心を癒す力が宿っているのかもしれない。どうにもならないほど落ち込んでいても、この矛盾した言葉をきかされると、ホッとさせられた。

言葉の不思議

実は彼が発する言葉、彼の英語をそのまま記すことがなぜかできない。それを日本語に訳すことも難しい。それは言葉というよりも、何か、その場所にあった空気感そのものなのだ。先住民に多いのだが、英語で話してもその言葉には、英語や日本語だけで表記することに、すこし無理があるような独特な世界がある。彼の母語は部族の言語であるテワ語と英語のふたつだが、なぜか初対面のアメリカ人から、「英語を話せますか」とよく質問されていた。もっている雰囲気から、彼は英語を話せないのではないかと思わせる何かがあるようなのだ。

わたしが彼と居留地で時間を過ごしていた九〇年代は、生まれ育った部族社会から外の世界に移り住み、自分の世界をひろげたり、何かに挑戦しようとする人はまだ少なかった。若者のなかには、夢を抱き大都市に向かう人はいるにはいたが、ごく少数の精鋭たちだった。そんな若者たちも、必ずしも引っ越した先でうまくいくとは限らなかった。この頃、彼の従姉妹もアルバカーキに引っ越して、仕事をはじめたが、なかなか順調にはいかず、職場の同僚から人種差別を受け、居留地にもどってきた。クルマでいけば二時間とかからない、白人が生活する都市部のアメリカ社会は、まだまだ別世界だった。

現在はスマホを片手に世界中の情報にアクセスできるため、居留地にいても、外の世界で何が起きているのか、以前よりも容易にわかるようになった。部族の若者たちの気持ちは、外の世界に向かっている。

そのいっぽうで、物価や住宅費の高騰がはなはだしく、都市部に暮らすには、よほど経済的に恵まれているか、運よく労働の機会を見つけられなければ難しい。人種差別を受ける可能性もあって、実際に移住するとなるとハードルは依然として高い。

遠い「アメリカ」

ロバートは長年アルコール依存症に苦しんでいた。

彼とはじめて会ったのは、一九九二年頃、わたしがまだ一九歳のころだった。彼は二〇歳で、部族から将来を嘱望され、神童といわれていた。

子どもの頃から、部族伝統のダンスが得意で、数々の大会で優秀な成績を収めていた。勇者として、彼が派手に舞う姿を撮影した写真は、べつの部族で開催されるパウワウのポスターに掲載され、大々的に宣伝された。それが一族の自慢だった。

高校に入っても、その記憶力は飛び抜けていた。天才と噂され、日々、伝統行事に熱心に取り組みながらも、同学年の生徒たちよりも勉強ができ、一六歳のとき、飛び級で高校を卒業した。頭の回転が早く、統率力もあったため、よく伝統行事のリーダーに抜擢（ばってき）されていた。

当時、ケビン・コスナーが監督と主演を務めた『ダンス・ウィズ・ウルブズ』（一九九〇年）の大ヒットを受けて、ハリウッドで先住民を題材にした映画が数多く撮影されていた。痩せていて、顔つきも精悍（せいかん）だったから、演技の経験のない彼にも、映画のオーディションの誘いがきた。

なによりも映画関係者の目を引いたのは、腰まで届きそうなほどに長いポニーテールで、長髪を風になびかせながら馬にまたがって大地を駆ける姿が、西部劇のイメージにぴったりだったのだ。ハリウッドのプロダクションはかなり乗り気のようだったが、「俺はいいや」と本人はどこか他人事だった。

そのころ、彼からよく着古した洋服をもらっていた。背格好があまり変わらなかったから、彼の母親も率先して、彼が着なくなった服を譲ってくれた。その服を着ていると、よく彼にまちがわれた。

外の世界から注目を集めるだけでなく、部族内でも伝統を背負って生きているようで、まさにヒーローだった。それでいて、いつも人懐っこい笑みを浮かべていた。次世代のリーダーとして期待されていたのだが、どこか他人にやさし過ぎるところがあった。

彼はなぜか、あらゆるチャンスにまったく興味を示さなかった。そのことをただしても、

「まぁ、これから先、何が起こるかなんて、誰にもわからないよ」とだけいっていた。じっと何かを見つめているようだった。

伝統行事でダンスを舞うロバートは、すべての感情を押し殺して、無表情で踊る。そんな姿は神々しい。儀式の合間に彼と話をしていると、伝統行事やダンスや衣装について、時間がないにもかかわらず事細かく説明してくれた。

ダンサーの多くがそうであるように、彼は自分の衣装も熱心につくっていた。伝統工芸品をつくらせても、それで生計をたてられるほどに上手だった。衣装づくりに必要な布や革、装飾品の材料を探すときに、なんどかサンタ・フェのマーケットに連れて行ってもらった。そのとき、ロバートがこうつぶやいていた。

「伝統は人に見せるものでも、伝えるものでもなく、自分を活かすものだ」

警戒心

「カシャッツ、カシャッツ」

乾いた金属音をわざと響かせてから、ロバートが慎重に玄関のドアを引く。

彼の家を訪ねたときは、いつもこうだ。慎重に前もって連絡して、約束の時間ぴったりに着いてドアをノックしても、一瞬静まり返ってから、「カシャッツ、カシャッツ」と乾いた音がきこえる。ロバートは、レボルバー式の拳銃を右手にもち、左手でドアノブを握って姿をあらわす。こちらがふざけた真似をすれば、すぐに撃ち殺されそうな気迫だ。

「ここ（居留地）の生活には緊張感が伴う」

というのが彼の口癖だ。プエブロ族の居留地内では、身内同士ではもちろん、友人同士でもノックをしないで入れる家がほとんどだ。それだけ親族間の信頼関係は厚いのだが、ロバートの家だけは例外だった。彼がもっていたのは、ピストルから機関銃、散弾銃までさまざまな銃器、さらに何本もの無骨なナイフを所持していた。

居留地で生活する大半の人たちの日常生活は、平和で穏やかなものである。ただ、彼の場合、なぜか一度歯車が狂うとなかなか元にもどせないようだった。

一九歳のときに、彼はアルバカーキにある専門学校に一学期だけ通ったことがある。もっとも本人は、勉強する気はあまりなく、ただ大都市で暮らしてみたかっただけだった。彼はこのとき、人種差別者からひどい暴行を受け、そのあと、アルコール摂取量が格段に増えた。

居留地にもどってきても、周辺に住む地元のスパニッシュ系住民や白人との喧嘩やトラブルに巻き込まれていた。そのほとんどが、人種差別に起因するものだった。

二〇代半ばになっても、暴力は彼の身近にあった。目のまわりが膨れ、唇が二倍に腫れている彼を見たことがあった。そのときはクルマの窓ガラスが割られ、ドアも蹴とばされ、壊されていた。そのせいか、いつも誰かに狙われているようで、どこか落ち着かない日々を生きていると語っていた。

腹がだぶつき、ダンスが踊れなくなった一九九〇年代後半、彼が就いた仕事は、部族の警察官だった。通常は警察学校を卒業しなければなれない職業だが、叔父のひとりが警官をしていたので、そのコネを使ったようだ。ただそのかわり、給与はほかの警官よりも安かった。

短期間の実地訓練のあと、真新しい制服を着て警官として居留地の安全を守る任務がはじまった。人を追ったり、見張ったりする仕事は性に合っていたようだが、ストレスが溜まる仕事だから、夕方になるとかなりの量の酒を口にしていた。それでも、大きな事件に遭遇しなかったのは、幸いだった。

当然のことのように、身内はぜったいに逮捕しない、が彼のモットーだった。だから、家族以外からの評判はよくなかった。違法なことをしても捕まらない、という安心感からか、まわりではドラッグが蔓延していた。

この間にドラッグの売人になった従兄弟もいる。買いに来る客にとっても、売人が部族警察とコネがあるというのは、安全面での信頼ができて、すぐに大きなビジネスに発展した。

身内が加害者の暴力事件を見逃したのは、一部の親戚からすればよかったのだが、被害者も血縁関係にあったので、すこし状況が複雑になった。怪我人がでて、どちらの身内をかばうのか悩んでいた。

彼が一〇ドルで買った、すぐにでも壊れそうな金縁のサングラスをかけ、大きなスピーカーのついたラジカセをロープで助手席にくくりつけ、大音響のヘビーメタルを聴きながら、パトカーを運転している姿をなんどか見かけたことがある。静かなプエブロ族の住宅地に、いきなり激しいビートが鳴り響き、なんともいえない違和感が残った。

彼には見せびらかす気はなかったのだろうが、大きなスピーカーがふたつもついたラジカセは、居留地で人目を引いた。そのラジカセは、ある日、彼がドアの鍵をかけ忘れた隙をついて、助手席から消えていた。

「パトカーからものを盗む奴がいるのだから、ここ（居留地は）は油断できない」

まさか警察のクルマが車上荒らしに遭うとは、誰も思っていなかった。ラジカセを盗まれたあと、彼は警官を辞め、建築現場で日雇いの仕事をしながら、フリーの芸術家として食っていくことになった。手先が器用なので、工芸品の職人として一本立ちできたのだ。

アルコールの害がひどくなると、彼はだんだん誰からも相手にされなくなっていった。人に期待されない生き方は、孤独を深め、両親はもちろん、親族を悲しませるだけだった。

しかし、いまから思えば、そのことが彼にとっての「精神の解放」だったのかもしれない。部族の過剰な期待から逃れ、さらに外部からの理由なき暴力を回避するには、そうするしかなかったのだろうか。

心の隙

ニューメキシコ州北部は、深刻なドラッグの問題を抱えている。二〇〇八年四月二日付の「ニューヨーク・タイムズ」によれば、エスパニョーラとプエブロ族の居留地が位置するリオ・アリバ郡では、ドラッグ関連の死亡者数は一〇万人あたり四二・五人におよぶ。これは全米平均（七・三人）のおよそ六倍に相当する。

居留地の隣町、エスパニョーラには、「アメリカのドラッグの首都のひとつ」という不名誉な名前がつけられている（Forbes 二〇〇九年一月二一日）。

ドラッグの問題は現在も改善される兆しはない。二〇一五年一〇月二九日付のエスパニョーラの地元紙「リオ・グランデ・サン」は、エスパニョーラの致命的なヘロイン過剰摂取による死者の割合は、一〇万人あたり一五八人と報じている。

わたしが二一歳の頃の話だが、夜、ロバートとふたりでその「首都」に飲みにいった。先住民とアジア系、この組み合わせは目立ったようだ。スパニッシュ系のグループに襲われ、ひどく殴られた。運よく殺されず、ふたりで逃げ切り、ヒッチハイクでエスパニョーラの隣の集落にある友人宅に身を寄せた。

プエブロ族の大地

このときは、肉体的な苦痛よりも、一瞬にして狙われた恐怖のほうが強かった。ただ、当時のわたしは、自分の人格に問題があってまわりから嫌われていると思い込んでいて、これが人種差別だとは考えられなかった。頻繁に嫌がらせを受けていたから、よくあることだと思っていた。

そのとき、たまたまその家に居合わせた友人の親友から、痛み止めとしてドラッグをすすめられた。すると、ロバートが急に「用事を思いだした。歩いて帰ろう」といって立ち上がった。彼に促されるままにわたしも家をでた。

もしも、誘いを振り切らないで痛み止めを摂取していたら、たぶん、人生が狂っていた。その人物は地元では知られた売人で、そのすこしあと、原因不明の死を遂げた。

おなじ頃、花粉症の季節がやってきた。自然のなかでの暮らしで、わたしは生まれてはじめてアレルギー反応を引き起こした。くしゃみ、鼻水、湿疹(しっしん)に悩まされ、目がかゆくなり、朝から晩まで息苦しくてだるかった。

まわりにいた、たくさんの先住民も、「大自然の民」なのに、花粉症に悩まされていた。みな口々に昔は花粉症などなかった、自然界の突然変異か、環境破壊の影響かと話していたが、なんの確証もなかった。

花粉症が流行ると、クスリ売りたちが、わんさか押し寄せてきた。知り合いの売人が、風邪薬にそっくりの錠剤を差しだした。最近のドラッグは、ピンクや薄い空色でマシュマロや駄菓子に見えたり、精巧なものでは市販されている薬とおなじパッケージに包まれていたりする。

「どんな薬でも人からもらうな」

とロバートからいわれていたので、わたしは断った。だからこそ、ドラッグとは無縁の自分がいる。ただ、ニューメキシコ州での生活で、ドラッグはつねに身近にあった。

消防士

夏から秋にかけて、乾燥がつづくアメリカ南西部は山火事のシーズンだ。このときに、居留地の住民に、消防士の募集がかかる。危険と隣り合わせの現場だが、定職に就いていない人にとっては、臨時収入を得るチャンスである。

ロバートもご多分に漏れず、よく臨時の消防士になっていた。山火事が盛んなシーズンのあいだ、たいがい一回につき二週間から四週間ほど、全米各地の現場に派遣される。

当時の日給は手取りで一二〇ドル前後だった。合計で三〇〇〇ドル以上の収入を任務終了と同時に手渡される。そのまま居留地にもどれば、黙っていても人が寄ってきて、近所のヒーローになった。しばらく会っていなかった親族もやってくる。盛大なパーティーになって、どかっと中心に座ったロバートは、満足そうに笑っているが、せっかく稼いだお金はすぐになくなってしまう。

すこしでも残った金があると、わたしとふたりでサンタ・フェのレコードショップにいって、CDを買った。ところがしばらくして、ロバートが消火活動で留守にしているあいだに、彼の部屋に泥棒が入り、大半のCDが盗まれた。

「先住民は正直だとか、いろいろいう人がいるけれども、結局はほかと変わらない。ちゃんとした奴もいれば、そうでない奴もいる」

ロバートは達観していた。またしばらくすると、べつの山火事の現場に向かう。これを冬になるまでなんどか繰りかえす。そんな彼は、勇敢な自由人に見えた。

長い間、山火事は先住民にとって大きな雇用をうんでいた。アリゾナ州では、先住民の消防士が、雇用機会をつくるために、みずから山に火を投じたことが発覚して事件になったこともあった。

しかし、昨今は最低賃金以下の安価な労働力である囚人が、消防活動に駆り出されるようになってきた。二〇一八年九月一二日に放送された「デモクラシー・ナウ！」によれば、これほど危険な仕事であるにもかかわらず、この年にカリフォルニア州を襲った山火事のときは、受刑者の消防士に支払われた時給はおよそ三八セント（約四一円）だったという。まさに、奴隷労働だ。

先住民に人気のあった消防士の仕事だが、従事する人たちが抱える現実は、この二〇年でずいぶんと変わった。

2　スリルをもとめて

雪の降る夜

一九九四年の冬、雪が降りしきっていた。ロバートと居留地からすこし離れたバーへいった。わたしはまだ二二歳だった。彼の伯父にバーまでクルマで連れて行ってもらったのだ。

街道沿いのドライブ・スルーを併設しているバーには、タバコの煙が充満していた。この手のバーは、たいがい大きめなカウンターが中央に陣取っていて、その脇には小窓があり、運転手がクルマから降りずに外から直接酒を買える仕組みになっている。

ここでは、運転できる人＝大人という概念があるため、よほどのことがない限り、ほかのアメリカ社会のように、二一歳以上であることを証明するＩＤ（身分証明書）の提示はもとめられない。便利なシステムだが、未成年の飲酒や飲酒運転を誘発しかねない販売方式だ。

ふたりでカウンターにもたれていると、ドライブ・スルーで酒を買うときにたまたま小窓から内部を覗き見したべつの部族の友人たちが、店内に入ってきた。知り合いが知り合いを呼び、だんだん大きな集まりになっていき、いい気分のまま、閉店になった。

「送っていく」という仲間のクルマに、ロバートは乗りたくないと拒んだ。運転手が泥酔していたからだ。しかし、だからといって、ほかに当てがあるわけではない。

彼の伯父には、遊び終わって電話をすれば迎えにいくからといわれていた。ちかくの公衆電話から居留地にかけたが、壊れていてつながらなかった。

ふたりっきりになったバーの前で、ロバートとふたりでドアの脇に積まれた古タイヤに腰掛けて、話し込んだ。雪は降りつづき寒かった。なぜか話題は尽きない。しばらくして、どちらともなく居留地に向かって歩きはじめた。

見えない敵

雪が積もった田舎道。一時間半はかかる道のりだ。もう午前二時を過ぎている。いつもならばヒッチハイクをするのだが、雪で視界が悪い。居留地にちかくなったところで、一度通り過ぎたふたり乗りのピックアップ・トラックがすこし先で止まって、バックでちかづいてきた。居留地にもどるのだろうか。荷台に乗せてくれるのだろうか。

「誰かな」とロバートがつぶやいた。

対向車線を通り過ぎるクルマの光で、ちかづいてきたクルマを見ることができた。降りしきる雪で、おそらく、むこうからこちらは、よく見えないはずだ。

いきなりロバートが足をかけて、わたしを真うしろに倒した。ふたりとも雪の積もった、すこし窪んだ場所に倒れ込んだ。彼は警察官時代に護身術を身につけていた。ふわっとした大地に寝転がされた感じだった。一緒に地面に横たわったロバートが、耳もとですこし上ずった声で「撃ってくるぞ」と囁(ささや)いた。

どうやら、助手席に座っていた男が、窓を開けてこちらに銃口を向けていたようだ。倒れ込んだのが、道路よりも低い窪地だったから、ふたりともトラックからは死角になった。

トラックはすぐに、アクセル全開で、爆音とともに走り去った。狙いが定まらなかったようだ。当時、すれ違いざまに車中から銃撃する、ドライブ・バイ・シューティングが居留地周辺で頻発していた。

「こんなので命を落としたら、もったいない」

とロバートがホッとした声でいった。ロバートの機転で命拾いをした。このまま歩くのは危険かもしれない。そう思っていた矢先に、今度は背後からパトカーと救急車の一群がけたたましいサイレンを鳴らし、猛スピードでふたりを追い越していった。

我々を撃とうとしたクルマを追っているのだろうか。あとから知ったことだが、すこし先で大事故が起きていたのだ。犠牲者は先住民だった。もしかすると、おなじバーで飲んでいた人かもしれない、と体が震えた。


翌日、ほとんど寝ないまま朝を迎えた。ロバートと居留地の奥にある渓谷に入った。儀式で使う薬草の採集だった。舗装されていない細い道を、居留地以外で運転したらすぐに警察に止められる、バックミラーもナンバープレートもない、フロントガラスが割れたままのトラックでひた走った。

小高い丘のむこうに、渓谷が連なっている。その下を流れる小川のそば、細い灌木(かんぼく)が生えているところで、大きめの葉っぱを、おまじないのような言葉をかけながら、丁寧に摘んでいく。なんに使うのか、どのような名前で呼ぶべき葉っぱなのか、教えてはもらえなかった。

極秘の儀式で使用するので、いえなかったようだ。どこでこの植物を採集するのか、部族の秘密のはずだが、特別にその場所を見せたかったようだ。

普段はだらしのないロバートだったが、たまにやってくる儀式のときはすっかり素面(しらふ)になっていた。


「インディアンになる日」


儀式の日の朝、わたしは部族の女性たちから、会場に荷物を運ぶように頼まれて慌てていた。居留地の中心部に向かって荷物を両手にもって歩いていると、目の前に頭からつま先まで、伝統的な衣装を纏(まと)った、見たこともない、かなり強面(こわもて)のダンサーがいて、こちらをジッと睨(にら)んでいた。挨拶するべきか躊躇(ちゅうちょ)したが、儀式の前なので、そのまま通り過ぎようとすると、

「お前、なんの真似だ。無視するのか。ずいぶん冷たいな。なんか嫌なことでもあったのか。この前のことまだ怒っているのか」

よく見るとロバートだった。

「いつものロバートじゃないから、わからなかった」

その数日前に、つまらないことでいい合いになっていたが、ふたりのあいだではよくあることで、さして気にしていなかった。気合いの入った格好のロバートが、

「わからないわけないだろ。カッコいいだろ。財布もってきちゃったから、預かっていてくれ」

とコンドームのパッケージがはみでた革財布を素早く手渡した。儀式のことはタブーなので詳細は書けないが、顔に塗料を塗られて、ある動物を模倣した伝統的な衣装にくるまっていたのだが、その下に着ているTシャツには、某タバコ・メーカーのロゴが入っていた。儀式の最中は、鹿革のベルトをつけ、さらに布で胸の部分を覆うので、タバコのロゴは見えなくなる。

「今日はインディアンになる日だ。たまにはインディアンをやらないといけない。いつも飲んでるばかりではダメなんだ」

日々飲んだくれていたにしても、一年に数回、ロバートは「インディアンになる日」を設定しているらしい。

「いつもインディアンをやってるけれど、今日はもっともっとインディアンになる日かな。わかるか、この意味が。それで儀式が終わったら、もっと飲もうぜ」

と笑いながら、こちらの肩をぽんとたたき、見たこともないような笑顔で、うれしそうに儀式がおこなわれる広場に足早に歩いていった。儀式で踊ることが、彼の生きがいだったのだ。

当時、わたしは彼の写真をよく撮っていた。それは彼の母親に頼まれたからだった。そのほとんどが、彼が伝統儀式に参加して、ダンスを踊っているときのものだ。そんななかで一番印

儀式のダンサー

象的だったのは、ダンサーを見守る彼の姿を写したものだった。

このとき、彼はダンサーの衣装を着ておらず、ワイシャツにジーパン、大きなバックルで、太い革のベルトをヘソの前で留めていた。カウボーイのような格好をした彼は、すこし心配そうな面持ちで、儀式の成り行きを見守っていた。

年少の子たちがダンスをしていたからだった。精悍だが、緊張したような、他人を思いやるような表情だった。大人の雰囲気が漂う彼の写真を撮ったのは、それが最後だった。

写真のいくつかを引き伸ばして、額にいれてあげると、彼はすごく喜んで、リビング・ルームに飾ってくれた。来る人来る人に、自慢げにその写真を見せては、伝統行事の話をしていた。

ガレージ・セール

この頃から、彼についての悪い噂をきくようになっていた。お金に困った彼が、居留地の家々を一軒ずつまわって、お金を無心していたというものだった。もう恥も外聞もなく、酒さえ飲めればよかったのかもしれない。

それからしばらくした天気のいい日曜日、ロバートが自宅の玄関の前にビニールシートを敷き、そのうえに私物を並べて、ガレージ・セールを開いた。わたしは、彼の親戚たちに「いくな」といわれ、その代わりにサンタ・フェでランチでもしよう、と誘われていた。彼は家にあるすべてのものを売りさばこうと必死だったようだ。日々の生活費にも困窮していたのだ。

ガレージ・セールにいった人は少なかったようだ。冷やかしにいった彼のべつの親戚が、すぐに連絡をくれた。彼はリビングに飾ってあった、わたしが撮影した家族写真や伝統儀式の写真のすべてを売りにだしていた。

買う人がいたとすれば、物好きの観光客か偶然通りかかった文化人類学者くらいだろう。それらの写真に、いったいいくらの値をつけたのか、そもそも買い手がついたのかは知らない。それでも、なんともいえない寂しい気分だった。

その前にも、彼が父親の遺品を安価で売りさばいていたのが、部族内で大きな騒ぎとなった。

そのなかに、伝統的な観点から、部族の人間しか所有することが許されないものが、いくつかふくまれていたからだ。

　こうして失望感のなかで依存症に陥り、酒やドラッグを買う金欲しさに先住民が手放した写真や工芸品が、博物館や研究施設で所蔵されているのかと思うと、複雑な気持ちになった。

「いってしまうんだな。ダメでもいいんだ。ダメでいいんだから。仕方ないな。でも、ちゃんと帰ってこいよ。待っているからな」

　居留地での時間を過ごして、離れる日になると、彼は決まっていつも短くいった。涙を流すわけでもなく、言葉に詰まるわけでもない。

　カリフォルニア州で大学院に通っていたとき、なんどとなく彼を訪ねた。居留地で彼の家に泊まらせてもらったあと、ほかの部族の友人にアルバカーキの空港まで送ってもらったことがあった。そのことが、彼には気に入らなかったようだ。すごく不機嫌だった。しかし、そのすこし前に彼は飲酒運転の果てに、崖に正面激突、自慢の愛車は大破していた。だから、彼に頼るわけにはいかなかった。いざというときに頼れないというのも彼らしかった。

「将来は部族のリーダー」、その重圧が、彼には耐えられなかったのだ。「白人みたいに、普通の仕事には就けない」と、彼には強いこだわりがあった。まわりの人とはちがう生き方をしなくてはいけないというプレッシャーがあったようだ。

その後、彼のアルコール依存症はますますひどくなった。ときどき彼の家族に連絡して消息をきいたが、彼について話す人はいなくなっていた。

3　ひとり去り、またひとり去り

残される者たち

一九九〇年代、ロバートが二〇代の後半、たくさんの酒を飲むようになっていた頃、彼の従姉妹が突然自殺した。一〇代で結婚したがうまくいかず、離婚したあと鬱状態がつづいていた。それで処方された薬への依存が強まり、さらにドラッグにまで手をだしてしまった。そんな現実を前にして、彼は辛そうだった。

その従姉妹が自殺した時の交際相手に加え、長いこと婚姻関係にあり、自殺する三年前まで一緒に生活していた元夫のふたりともがわたしの親友で、彼らはともにかなりのショックを受けていた。

ロバートがどんな仕事をしてもつづかなかった三〇代の頃、彼のかわいがっていた従兄弟が何者かに殺害された。その従兄弟はドラッグの売人として名を馳せていたのだが、居留地にドラッグを運びこんでくる元締めとトラブルを起こしていた。

殺されたあと、警察は熱心に捜査をしていたようだが、ついに迷宮入りとなった。

「死んでしまった。こんなにあっけなく殺されてしまうのか。まるで西部劇のなかにいるみたいだ」とロバートは嘆いていた。わたしはこの殺された従兄弟から英語を教わっていたので、衝撃が大きかった。

二〇一〇年代、ロバートが四〇代に入った頃、彼のまた別の従姉妹がドラッグ依存症となり、トラブルに巻き込まれ、殺害された。前夜に、来訪者がふたりあったという証言があったが、この事件も犯人は捕まっていない。ロバートの叔母にあたる被害者の母親は、三〇年にわたってドラッグに依存する娘のために、生活費を工面する生活に疲れ切っていた。悲しみに打ちひしがれた母親は、

「毎日夕方まで、サンタ・フェで仕事をしているから気が紛れるが、夜になると涙が止まらない。なんで娘がこんな終わり方をしなくてはならないのか」と悔しがった。

この事件の直後、ロバートの従兄弟、ジャクソン（仮名）が二〇年以上の刑期を終えて、出所した。一六歳で事件を起こして以来ずっと塀のなかにいた彼は、どこか落ち着きがなかった。

刑務所のなかでもドラッグを入手していたジャクソンと、出所後に出会った恋人も、薬物依存症の問題を抱えていた。ふたりともこのままでは未来はない。なんとかしようとしていた。ジャクソンが身を寄せていた、居留地のはずれにある彼の叔母の家で、数日間一緒に過ごした。彼は食事のあいだ中ずっと無言だったが、どこか落ち着かなかった。背後から誰かが襲って来る、と思い込んでいるのか、頻繁に横を向いては、そのまま真うしろに視線を投げかけていた。

彼は刑務所でなんどもリンチを受けていたらしい。始終何かに怯（おび）えているそぶりだった。顔にはたくさんの傷の縫い跡が残り、腕にも無数の刺し傷があった。刑務所に入る前の、母親と一緒にいた若い頃の彼を覚えているが、顔つきがまるでちがっていた。長年の拘禁生活から人格も変わってしまったようだった。

シングルマザーだった母親は、居留地の外に仕事をもとめ、まだ幼かったジャクソンとふたり、都市部で生活をはじめた。その後、黒人男性と再婚し、生活は安定したようだった。黒人が多く住む住宅地で暮らしていたジャクソンは、やがて人種間のトラブルに巻き込まれて事件を起こした。「こんなことなら居留地にいればよかった」と母親は悲しんでいた。

幼い頃から長髪を風になびかせていたフレッド（仮名）はジャクソンの甥だった。彼は父親の顔をほとんど知らないまま、居留地のすぐちかくの町でシングルマザーの母親に育てられた。小学校にあがるまでは引っ込み思案の性格で、フレッドの祖母（ジャクソンの母親）はいつも心配していた。

彼女は、勉強は人よりもできるがひ弱なフレッドをどうにかしてほしい、とロバートを通してわたしに相談してきた。どうすべきか、三人で悩んだのだが、最終的に祖母から、

「勉強ができるので、白人の多い地域の私立の小学校にいかせたい。でも、先住民の子どもだからいじめられないか、それが心配。心身ともに強くなってほしい。だから、カラテはどうか？　もしよければ、教えてあげてほしい」

と頼まれた。そこでロバートとわたしは、フレッドにインチキなカラテを短期間だけだったが、教えることになった。せめて身体を鍛えて強くしてやろう、との想いだった。

居留地の土壁の家の前で、カラテの型を教え、いじめ対策に心を砕いた。映画『ベスト・キッド』のように、アジア系のわたしがセンセイ役になって、箒（ほうき）や塵取り（ちりと）、モップや灰皿などの生活用具を用いながら、カラテの真似ごとをはじめた。

小学校に入学してから、フレッドの性格は、どんどん明るく快活になり、学校を代表するほどの優等生になった。さすがにうれしかった。祖母もあそこまで優秀な子になるとは思わなか

った、と安堵していた。ところが、ロバートはまったく関心がないようだった。

その後、まもなくして、祖母は他界したのだが、フレッドの勉強好きは本物で、いつも本を読んでいた。しかし、先住民が勉強で学校のトップというのが、白人たちの反感を買ったのか、中学校でひどいいじめに遭っていたようで、卒業後は、まるで別人になっていた。

二〇一五年、成人したフレッドは、母親と口論の末、殺害を画策。ナイフで襲い大怪我を負わせて逮捕された。現在は服役中で、しばらくは塀のなかでの生活を強いられることになった。

この事件が発生してから、わたしはフレッドの祖母の妹（大叔母）たちに、わたしがロバートと一緒に、フレッドにインチキなカラテの型を教えたから、今回の事件につながってしまったのではないか、と告白した。そのことが心に引っかかっていたのだ。

それをきいたフレッドの大叔母たちは、一瞬おたがいに顔を見合わせ、ため息をついた。しかし、そのなかのひとりが、「ナイフで襲ったのだから、日本の格闘技とは関係ないわよ」というと、みなが無言で頷いた。

つぎは誰の番か

まわりに殺されたり刑務所にいれられたりする身内がでてくれば、つぎはロバートの番ではないか、と誰かがいいたてる。そんなとき、わたしとも親しかった彼の従兄弟のひとりが、アルコール依存症による内臓疾患を悪化させ、三〇代でこの世を去った。

「お前の弟が旅にでた」とロバートの母親の家族から連絡を受けて、わたしは、かなり落ち込んだ。死んだ「弟分」とはじめて出会ったのは、彼がまだ一三歳の頃だった。居留地の中学校に通い、勉強に励んでいたのだが、すでにアルコールに依存していた。

一六歳で運転免許をとってから、ことあるごとにわたしを親族の家に連れて行ったり、買い物についてきてくれたりした。母親のいうことはよくきき、親戚づきあいの大切さをきちんと理解している面もあった。

そんな彼はよくテレビゲームに夢中になりながら、すごい勢いで安いビールを流し込んでいた。アルコールが体に入らないと、身体が機能しないようで、朝から晩まで飲む生活がつづいたようだ。

この世を去ってしまったロバートの従兄弟たちの死因はさまざまだが、いずれも彼の身近で、事件や事故が起きていた。彼はいつもわたしのことを気遣ってくれた。

「兄弟が殺人や傷害事件に巻き込まれたときに、アジア系のお前がまわりをうろつくと、遺族がチャイニーズ・マフィアにでも復讐（ふくしゅう）を頼んだのか、と勘違いされる。それで、やった奴らがビビって、武装したメキシカン・ギャングを引き連れてくるかもしれない。そうなったら、もう収拾がつかなくなる。自分がまわりからどう見られているか、よく考えてくれ」

事件が起きたあとは居留地が緊迫するから、わたしに限らず、べつの人種がうろつくことは誤解をうみかねない。だから、どんなにちいさな事件でも、起きてしまったあとは、ほとぼりが冷めるまで、わたしは居留地で人に会わないようにしていた。

孤独

二〇一四年の夏、ちかくの部族の伝統行事を見物にいったとき、集落のはずれの土壁に、ひとりでたたずむロバートと会った。彼は辺りをうかがいながら、すこしずつちかづいてきた。

「こんなところで何をしてるんだ。お前の部族はここじゃないぞ」

「ロバートも、ここの部族じゃないね」

そういい合って、ふたりで笑った。この笑いはどこか寂しかった。

「なにをしてるんだ。ジュン、ナンパか？」

「踊りを見にきたにきまっているだろう」

「だから、それがナンパだっていうんだ」

とけだるそうな感じで返してきた。

そのいい方は、とにかく話題を自分以外のことに変えたいような感じだった。いきなり彼は踊りの輪のなかにいる若い女性たちの近況を話しはじめた。感覚も記憶力も鋭い。部族の政治にも精通している。アルコールさえなければ、部族のリーダーになっていたはずの人材だ、と改めて思った。

彼は虚ろな目で、ダンスを眺めていた。わたしがこの居留地にいる共通の友人の名前をあげ、これからたずねてみようと誘うと、彼はばつが悪そうな顔をした。

「ひとりじゃないんだ。リハブ（リハビリ施設）の仲間と一緒だから、はぐれると問題になる」

ロバートは部族が居留地で運営する更生施設に入院して、アルコール抜きの日々のなかで自分自身と闘っていた。つねに集団行動を強いられていて自由はない。ここの部族にも、彼が更生施設に入院していることは知られていて、完治するまで、友人たちとは会えないようだった。

この部族もプエブロ系で、彼の部族の伝統行事とは、すこし似ているところがある。彼には、一〇代の頃、自分が儀式の踊りで先頭に立っていたという誇りがあったはずだ。だから目の前で繰りひろげられている伝統行事と、一切関わりのない暮らしをしている彼の複雑な心境が痛いほど感じられた。彼は、なんの脈略もなく昔からの口癖を発した。

「やっぱりなぁ、ダメだったのか。そうかぁ、よかったな。ダメだったのか。本当によかった。それでいいんだ」

その響きは、楽観的というよりも、むしろ絶望感を帯びていた。アルコール依存症から抜け出そうと、どんなに努力しても、さっぱり成果が見られない、彼自身の現状をあらわしているったようでもあった。

翌年、アルバカーキの空港から居留地に向かう途中、べつの部族が経営するカジノに立ち寄った。

「あなたの昔の兄貴だけれども、いまは刑務所に入っているから、彼の話はタブー。それはわかっているでしょう。ナイス・ガイだけど、ダメな人なのよ」

トイレに向かったときに、背後から懐かしい女性の声がした。ふりむくと、一〇年以上前に話したきりになっていた友人が、背中をこちらにむけて立っていた。

彼女は用件だけ伝えると、すぐにスロット・マシーンのほうに去っていった。わたしの姿を見つけ、わざわざ忠告しに来てくれたのだ。「兄貴」とはロバートのことで、彼が刑務所にいることは、従兄弟から、すでにきいていた。くれぐれもネガティブなスピリッツには触れないように気をつけろ、と彼女は忠告してくれたのだ。

居留地では、携帯やスマホが普及する前から、石ころでも話をするといわれるくらい、情報網が張りめぐらされていた。話題にできることも、話題にすらできないようなことも、すっと耳に入ってくる。隠しごとのできない世界なのだ。

つぎの年、居留地に出かけていくと、部族が経営するガソリンスタンドのそばで、道路工事をしているロバートとばったり出くわした。どちらからともなくちかづいていくと、彼は「えへへ、兄弟、元気だったか」と笑った。

いつの間にか、彼は塀の外へでていた。が、ロバートの母親からは、いまも酒に溺れていて、いつ事件に巻き込まれるかわからないから、ちかづくな、と厳重にいわれていた。それでも、居留地は狭い世界だから避けられない。彼は勤務中なのにもかかわらず、

「お前が来ているのは、もちろん知っていた。遠い異国の故郷だものな」

と、一瞬、満面の笑みを見せた。そして、こちらが避けていると思ったのか、

「俺って、恥ずかしいか」

と視線が定まらないままいう。

「恥ずかしくなんかない。兄弟じゃないか」

と答えると、ロバートは急に真剣な顔をちかづけてきた。

「ただ普通に、俺は普通に生きたいんだ。いつまでも過去のトラウマとかっていうのに、こだわっていても、そこからは何もうまれない。どこかで乗り越えて、ちゃんとした日常をつくっていかなくてはいけない。お前は、自分の人生を、一生懸命に生きることができてよかったな。ずっとこれからも、がんばれよ」

久しぶりに彼の口をついてでた、まじめな言葉だった。先祖が虐殺にあったこと、同化政策で寄宿学校にいれられ、伝統を捨てさせられたこと、いわれもない暴力や差別に苦しめられたこと、どこかでその連鎖を食い止めようと、彼は彼で必死だったのだ。

そんな彼の言葉が、もしかすると普通がいかに尊いものなのか、彼が一番知っているのかもしれないと思わせた。そして、すこしあらたまって、彼はこういった。

「いろいろ、いろいろ、本当にごめんな。ずっと、気になっていたんだ」

「こちらこそ、なかなか力になれなくて、ごめんなさい」

「本当に、すまなかった」

「こちらこそ、なにもできなくて、ごめんなさい」

ふたりのあいだには、貸した金やCD、テープやベルト、サングラスを返していないとか、腕時計やトイレのドアノブを壊してしまったとか、秘密を第三者に漏らしてしまったとか、嘘をいい合っていたとか、陰口をたたいていたとか、些細なことで謝らなくてはいけないことが、たくさんあった。

なぜかこのとき、ロバートのほうから、昔のどうでもいいことを謝ってきた。彼はうつむき加減で、いつもより元気がなかった。

「こっちにもどってこいよ。また一緒に暮らそう。待ってるぞ。兄弟だろ」

しんみりした口調だった。それがわたしと交わした、彼の最後の言葉になった。

旅立ち

そのあとロバートは、アルコールだけでなく、ドラッグにも依存するようになった。アルコールとドラッグの決定的なちがいは、いうまでもなく前者は、ニューメキシコ州では二一歳以上であれば購入も所持も合法だが、後者は所持も吸飲も非合法ということだ。自然と裏社会とのつながりも深くなり、メキシコ系のギャングとトラブルになって、目をつけられていた。

彼は弱みを握られて、脅迫され、逃げ切れず監禁されたようだ。集団で暴行を受け、居留地の路上に捨てられた。すぐに発見されたが、数日経って息を引き取った。密室で銃殺したりせずに、あえて瀕死の状態で人目につくところに放置し、家族の許(もと)に返してから息を絶えさせた。それは見せしめでもあった。

この事件は、新聞には載らなかった。彼の従姉妹から、東京にいるわたしに「彼が遠くにいってしまった」とメールで連絡があった。

天国へ旅立つ前、彼の顔はアルコールもドラッグも抜けて、「神童」と呼ばれたころにもどっていた、と付き添っていた親族からきかされた。

いまでも、「ロバート」と呼びかけると、耳の奥で響く、彼の言葉がある。

「やっぱりなぁ、やっぱり、ダメだったのか。そうかぁ、ダメだったんだ。よかったな。それでいい。ダメだったのか。本当によかった。ダメだったんだ」

ロバートの死後、彼と昔のガールフレンドとのあいだに生まれた娘に会った。その娘が赤ん坊のときに、わたしはよく子守をしていた。しかし、彼女は、一〇年ほど父親と疎遠になっていたからか、わたしのことを覚えていなかった。

窓の外は夏の夕立が激しく降り、砂漠の大地を湿らせていた。雨が止むと、三つもの大きな虹が居留地の空を景気よく飾った。そのうち二本の虹のたもとが、ちかくの巨大な渓谷の金色の岩肌に反射して、はっきりと見えた。

「きっとロバートが天国から、虹をつたって降りてきているのよ」

とロバートの母親がいった。わたしがじっと虹のたもとを見つめていると、

「虹のたもとを指さしたらダメだよ」

と彼女は急に厳しい声になった。「どうして?」ときくと、

「あなたの妻のおっぱいが、トロンと垂れ下がっちゃうからね」

プエブロにはそういういい伝えがある、というのは前から知っていた。

「アリゾナの部族出身の義父がいつもいっていた。だから、本当かどうかわからないわよ。おかしな人だったから」

そのいい伝えの出所は、べつの部族のようだ。

「母親が義父と再婚したのは、わたしたちが成長したあとだったのよ。それで、子どもの頃はそんなこと露知らず、虹を見るたびに、たもとをよく指さしていたものよ。それだから、おっぱいがこんなに垂れちゃったのね」

笑顔の目に涙が溢れていた。

4　ちかくにいる人たち

神さまへの電話代

むかーし、むかし、それほどむかしではないけれども、プエブロ族のメディシンマンが念願叶い、バチカン市国を訪れることになった。そこで、なんと彼は、ローマ法王と面会をする大変貴重なチャンスを得た。

慣れない飛行機を乗り継ぎ、遠路はるばる来たので、法王といろいろなことを語り合おう、と期待に胸をふくらませていた。ところが、日々世界中からたくさんの面会客が訪れる法王には、ゆっくりと話をする時間はなく、一〇分ほどで面会時間は終わってしまった。

せかされるように、きらびやかな法王の部屋からでようとしたときに、メディシンマンは、すべての壁が金色に輝く小部屋に置かれた、コードから受話器に至るまで、すべてが金ぴかに輝く公衆電話に目を奪われた。受話器の側面には、豪華なダイヤモンドがちりばめられている。よく見ると、神さまと話ができる魔法の電話と書いてあった。

さっそく、メディシンマンは白人の神さまと会話をするべく、脇にいた法王の若くてオシャレでハンサムな男性秘書に、ダイヤルをしてほしい、と頼んだ。数回ベルを鳴らすと、神さまのオフィスに電話がつながり、しばらくして神さまが電話口にでた。遠距離電話だからか、ひどい雑音で、ときどき音声は途絶えたが、ホンモノの神さまとの会話がはじまった。

メディシンマンと神さまとの会話は三〇分にもおよんだ。神さまの声は鮮明にはきこえなかったが、メディシンマンは気分よく会話を終えた。すると、笑顔の法王がそばに寄ってきて、

「いかがでしたか」

とたずねてきた。

「なかなか、気さくな方で、いろいろなお話ができました。こんなに時間を割いてくださるなんて、うれしい限りです。部族にいいお土産話ができました。ありがとうございます」

プエブロ族居留地のちかくにある教会

とお礼をいうと、法王は笑顔になって、
「電話代は五〇〇〇ドルになります。もちろん、現金がなくても、アメックス、マスターカード、ビザカードでも対応しますよ」
とさらに満面の笑みだった。メディシンマンはなけなしの五〇〇〇ドルを支払い、帰路についた。

それから数年して、今度はバチカンから、法王がプエブロ族を訪れることになった。プエブロ族では部族をあげて法王を歓待し、伝統儀式のダンスを披露した。多忙を極める法王は、メディシンマンの家に食事に招待されたが、軽くつまんだだけで、たいして時間を過ごす訳でもなく、慌ただしく居留地からべつの町に向かおうとした。
玄関のドアに手をかけた法王は、そこに置かれた煤(すす)まみれの棚のうえに、古びた電話を見つけた。

あまりにボロく、汚れているので、興味をもった法王は、メディシンマンに尋ねた。

「この電話はまだ使えるのですか？」

「ちゃんと使えますよ。現に、この電話で神さまと話をすることもできます」と答えた。「神さま」という言葉にはっとした法王は、

「それなら、わたしにも神さまと話をさせてください」

と受話器を手にした。メディシンマンがダイヤルをまわすと、すぐに神さまがでた。秘書も通さずに、神さまみずからが電話にでたことに、法王は驚いたようだ。またとないチャンスとばかり、法王は、長いこと話し込んだ。

電話を切ったあと、法王は満足感に浸っていた。

「音声もはっきりしていて、驚きました。こんな古い電話でも、まだまだ使えるのですね。思いがけず、神さまとたくさん話せて、本当によかったです」

法王は、メディシンマンにこう尋ねた。

「ところで電話代はおいくらになりますか？」

手もちの現金があまりないのか、長電話だったから、高額な請求書を突きつけられると思ったのか、法王は金ぴかの財布からブラック・カードを取りだした。

それを見たメディシンマンはこういった。

「いいえ、いいえ。市内通話ですから、タダなんですよ」（アメリカは市内通話は無料）
白人にとっての神さまは、遠くにいるものなのかもしれないが、プエブロ族の神さまは、つねに彼らのそばにいるのだ。

癒される大地

「先住民は神さまや創造主に対しての距離感がない。もちろん尊敬しているし、崇めてもいるが、神さまや創造主は、自分たちの住むすぐちかくにいて、カネなんか払わなくても、いつも寄り添ってくれている」

このストーリーを話してくれた、ラコタ族のヒース・センドジョンの意見だ。先住民と精神世界の関係をあらわすジョークである。

日本でも東日本大震災のあと、岩手県大槌町に被災者の家族が訪れる公衆電話（線はつながってない）があると伝えると、センドジョンは、急に深刻な表情になって、しばらくじっとこちらを見てからこう呟いた。

「聖霊が集まるところに、それを心から信じる人たちは惹きつけられていく。被害者とその遺族。魂と人がつながる場所はやはり存在するのだ」

わたしは無宗教で無信仰、無神論者だが、いろいろな世界があることは否定しない。先住民の信仰は、大地に根ざしていて、日々の暮らしと密接に関わっている。

キンバリー・トールベアーは、東日本大震災のあと、津波や震災の被害に遭った地域で、タクシー運転手が奇妙な経験をしているという話をまとめた東北学院大学の学生の報告に大変な興味を示した。「ハフィントン・ポスト日本版」(二〇一六年三月八日)に掲載された記事を、わたしが翻訳して伝えたのだ。

そのエピソードのひとつに、宮城県石巻市のタクシー運転手が登場する。

ある日、彼は、三〇代くらいの女性を乗せた。彼女が告げた行き先は津波の被害のもっとも激しかった地区だった。運転手が「あそこはもうほとんど更地ですけど構いませんか?」というと、その女性は「わたしは死んだのですか?」ときいたあと、姿を消した。

キンバリーは、死んだ人の魂が漂うことは、先住民の世界でも珍しいことではないという。

「先住民にとってはキリスト教のような天国の概念はない。死ぬということは、この世のなかでの役目を終えて、先祖たちのいる魂の世界に旅立っていくことだ。むこうには、むこうの世界がある。だから先住民は、儀式をおこなって、旅立ちを祝う。旅立った魂はいったきりではない。そこからこの世にメッセージをもってきたり、ちかくで見守ってくれたり、儀式のときに立ち寄ってくれたりして、交流はつづく。クリスチャンはゴーストを悪として描く。いいスピリッツは天国にいき、天国にいけない魂は、よくない魂と考えるが、先住民はそうは考えない」

大震災の突然の悲劇は、誰も自分が巻き込まれるとは思ってもいなかった。心と身体の準備ができていなかった人たちには、まだこの世でやり残したことがたくさんあるはずだ。そんな彼らが精神世界とこの世を、いったり来たりしているのかもしれない。

マリエッタ・パッチも、病死した息子マイケル・ソーシのことを「前とはちがう方向からわたしたちを見つめているけれども、前よりもちかくにいて、前よりも話がしやすい距離にいるから、安心している」と、会うたびに、わたしにいう。彼女にとって、息子のいる精神世界は、すぐそこにあるようだ。

キンバリーは、アメリカ映画のなかの幽霊は、知らない魂が襲いにきたり、邪魔しにきたりする、しかし、日本のホラー映画は、先住民の世界観に似ている、とかねてから話していた。「死んだ人が、いまを生きる人の世界にやってくる。それはメッセージを伝えにきている姿であり、先祖の魂だ」

わたしがカリフォルニア大学バークレー校で客員研究員をしていたとき、キンバリーの同僚の葬式があった。その帰りに拙宅に寄って晩ご飯を食べることになった。日本では葬式にいったあとは、塩をまく習慣があると伝えると、キンバリーは、地域社会の風習は尊重するが、先

マティ・ワイヤと妻ルフイ

住民の感覚では理解ができないという。
「死者の体は決して穢らわしいものではない。最後の姿であり、精神世界に旅立つ前の人間としての最後の姿であり、先祖がいる場所に向かう直前の姿で、貴いものだ。そんな神聖なものに触れたあとに、清めるという概念はない」

カリフォルニア州の沿岸部の部族チュマッシュ族のセレモニアル・リーダー（伝統儀式の指導者）、マティ・ワイヤは、福島第一原発の事故のあと、放射能に汚染された大地にもどろうとする人たちがいたことを伝えると、海の彼方、日本のほうを見ながら、祈るような瞳になった。
「先祖の魂がそこにあって、彼らは先祖に呼ばれているから、危険を承知で魂と寄り添うために帰って行こうとする。魂のつながりを断つことはできない」

キンバリーはこの意見に自分の部族、ダコタ族の歴史がダブるといって、こうつけ加えた。

「土地と人間の関係性がつくりだしたものは計り知れない。先祖が残した大地を尊重するのは人間の本能で、それを断ち切ろうとするのは、暴力以外の何物でもない」

震災の被害者、とくに原発避難民は、先住民とおなじように、国策でつくられた開発（原子力発電）によって土地を奪われた人たちだ。悲劇は放射能によってさらに追い討ちをかけられる人がいることだ。「なんて気の毒なんだろう」と彼女は声を落とした。

土地を失うことは先祖を喪うこと。言語や文化を奪われることは、人間としての尊厳と人権を剥奪されることである。先住民はたくさんのものが奪われたまま、その悲惨な状況が、白人がアメリカ大陸にやってきて以来いまもつづいている。

アメリカも日本も、先祖の魂を敬い、弱者を守りながら、謙虚に自然と共生する、その文化と智慧（ちえ）を尊重して、国を再構築する必要性がもとめられているのかもしれない。

あとがきにかえて――店番失格

いまから一〇年以上も前のことだが、すごく後悔していることがある。

ロサンゼルスにある大学院のちかくのアパートで、約七年にわたって中米グアテマラの元政治犯と暮らしたが、リビング・ルームはいつも移民たちに開放していた。おもにメキシコや中南米から来たばかりで、泊まる場所がない一〇〇人を越える人たちが滞在し、どこかへ出発していった。その間、先住民の居留地に通い調査をおこない、二〇〇四年に博士課程を修了して、研究員になった。

翌年、日本にもどって東京のテレビ番組制作会社に就職することができた。いつか先住民の生きる社会を映像で記録したい、という夢を抱いて、テレビマンを目指した。

しかし、夜でも「カマちゃん、オハヨー、オゲンコ(お元気)?」と先輩に声をかけられ、「シーメー(飯)いこう!」「ヒーコー(コーヒー)飲まない?」と誘われ、「テッペン(深夜一二時)超えてもいいからさ」と遅くまで人を待たせる日々が体に合わず、挫折した。

芸能界や流行に疎く、テレビをほとんど見ない自分を雇ってくれたテレビ番組制作会社については、独特の言語と伝統文化をもち、ときどきアリゾナ州の砂漠よりも乾ききった風が吹く、大都会の東京にひろがる大平原のなかの居留地のように感じていた。

　夜でもサングラスをはずさないコワモテの社長は、一見部族の魂をまとめるメディシンマンのようだった。そんな業界に憧れはあったが、自然のやすらぎのない、無機的な風土で、自分では到底通用しない世界に思えた。実をいえば、長い年月をかけて研究してもわからないことだらけの先住民社会を、限られた時間と予算で、自分が理想とする形で映像化するのは、現実的ではないと感じるようになっていた。

　失業後に結婚。念願叶い、主夫（ハウスハズバンド）になった。毎日家事に精をだし、近所の菜園で、無農薬野菜を育てはじめていたころ、モハベ族の部族政府から、文化継承一〇〇周年を記念するイベントの招待状が舞い込んだ。妻に航空券を買ってもらい、モハベ砂漠の町、カリフォルニア州ニードルスにバラックマン夫妻を訪ねた。町の中心部はイベントで盛り上がっていた。

　広場の中央に、妻のベティ・バラックマンが折りたたみ式の大きなテーブルを置いていた。そのうえに自分でつくったネックレスなどの工芸品を並べ、見物客相手に売っていた。本人には商売をする気はあまりない。わたしと世間話をしてはガハガハと快活に笑っていた。

　しばらくすると、「店番を任せる。ちょっと様子を見てくるから」と口が開いたままの大きな革財布をわたしの手に押しつけて、広場のむこう、日陰の露店に向かって歩いていった。

　砂漠からのあたたかい風に包まれて、のんびりした雰囲気だった。客なんか来ないだろう、

ベティ・バラックマン

とたかをくくっていたのだが、すぐに金持ちそうな白人女性のふたり連れがやってきて、テーブルのうえの商品を手にとりだした。観光地グランドキャニオンに向かう途中だというのだが、購買意欲は十分だ。ベティは、広場のむこうからこちらを見ながらも、ほかのモハベ族の女性たちとのおしゃべりに興じていて、一向に帰ってきそうにない。

「この素敵なネックレスは、おいくらかしら？」

超高価そうな、巨大なトルコ石を銀で加工したネックレスを指さした。丁寧で上品な口調だ。

「わたしはたまたま店番をしているだけでして、オーナーはすぐにもどります」というと、「また来るわね」といい残して、べつの出店にいった。

しばらくしてベティが帰ってくると、待ってましたとばかりに、先ほどの白人女性がやってきた。しかし、当のベティは、「さあ、値段なんかわからない」と素っ気ない。相手の目も見ずに、無愛想だ。客は少し怒った感じで、その場所をあとにした。

「あなた、これを日本にもって帰りなさいよ」

と突然ベティは、そのネックレスをこちらに差し出した。とてもではないが、もらえるものではない、と丁寧に断ったが、欲しい、でも、こんな高価なものはもらえない。ベティはがっかりしているようだった。

それから一〇年以上経った二〇一八年八月、アリゾナ州でベティの遠縁にあたる、マリエッタ・パッチと明け方まで話をしていたときに、店番のことを思いだして、わたしが「後悔先に立たず」というと、マリエッタはあきれた声をあげた。

「ベティが店番を頼んだってことは、その売り場にあるものはなんでももっていけという意味よ。財布を預けるということは、必要な額を抜けということ。どうしてそれがわからないの。それになぜ、高齢のモハベ女性がネックレスをあげるといったのに、断るの」

「あんな高価なものはもらえるわけない。どう考えても、オートバイ一台分以上はする。それに売りものだし、自分のためにつくってくれたものではなかったから」

「あなたのために、ずっと前からつくってあったものよ。ベティはあなたのことを息子のように思っていたの。あなたの気分を害さないように、うまく渡すタイミングを探っていたのよ」

たしかに、ベティはわたしに仕事がないことを、とても気にしていた。航空券はどうしたのか、生活費はあるのかと、なんどもきいていた。それに、あのネックレスは、露店で売るにしては豪華すぎるとは思っていた。

あのときは、そんなことがわからなかった。一〇年くらいの時間が経たないと、理解できないことがある。マリエッタはそのネックレスがどうなったか、なぜか知っていた。あの日売りにだされていたものは、合計で新車一台分くらいの価値があった。ベティの死後、ドラッグ依存症の孫娘が、すべて二束三文で質屋に売りとばしてしまったらしい。

「だから、もらっておけばよかったのよ。後悔しても遅い。そのうちまたもらえる、なんてことはもうないから。だって、ベティはもう死んでしまったのだから。先住民がくれるというものは、なんでももらっておきなさい。砂漠に来たら、無駄な動きをしない。遠慮もしない。だされたものはなんでも受け取る。あとは風とか、自然が運んでくれる、と自分の都合のいいように考えて、何もしない。余計な動きをすると、ろくなことはない。自分さえよければ、それでいい。あなたにとっていいことは、砂漠にとってもいいことなのだから」

フィールドワークでは後悔することの連続だった。それでも、先住民の人たちに背中を押してもらい、なんとか踏ん張ってきた。そんなふうにお付き合いをさせてもらった三〇年ちかい日々だった。たくさんの方々に迷惑をかけた日々でもある。

耐えろ、そして生き延びよ

人種差別にあったとき、大学に受からなかったとき、研究が思うようにいかなかったとき、仕事がなかったとき、ダコタ族のダニエル・ワイナンスがこんな言葉をかけてくれた。

人の一生は、攻めるときもあれば、守るときもある。たち止まって、じっとしているときもある。

動けないときこそ、自分のビジョンのなかにいろ。
大きなクマが春に向けて、冬眠でもしていると思え。
苦しくて、どうしようもなければ、
いまの世はまだ、自分にはふさわしくない、
と思って、耐えろ、そして生き延びよ。
そうやって、踏ん張ってきた先住民はたくさんいるのだから。

筆を折ることのほうが、
書きつづけることよりも体力がいる。
あきらめないことほど、楽なことはない。
先住民をやめて生きるように強要されても、
それは先住民として生きていくことよりも、
はるかに体力がいる。
他人のふりをして生きること。
それは大変な苦労を伴うことだ。
いつも自分自身でいろ。

ただ、それだけでいいのだから。

ワイナンスはわたしに先住民との生活体験を記すように、と会うたびにすすめてくれた。そうすれば、生きることが楽になるといっていた。それは吐き出すことで、溜め込んだものが外に出て、自分の人生が軽くなるという意味だったのだろう。

二〇一〇年、ワイナンスは、高所で作業している最中に、砂漠の風に煽られて地上へ転落。帰らぬ人となった。

彼は、両親を早くになくし、養父母に育てられた。生い立ちについて、あまり多くを語らなかった。もともとノース・ダコタ州の平原部のダコタ族の出身だが、身寄りのない子どもとして、先住民社会のなかを漂う人生だったときいている。彼自身をふくめて一五人の兄弟姉妹がいるが、そのほとんどが音信不通だった。

一九九二年頃、わたしは彼の家に滞在させてもらい、たくさんのことを教わった。彼は、わたしがアメリカ社会で直面していた差別や偏見、あらゆる困難を憂えて、こう話した。

「外の世界からやってきたお前が、居留地でどう振る舞うか、先住民はじっと見ている。そうやって、いざ自分が外の世界にでたときに、どう生きていけばいいのかを、お前から教わっているのだ。だから、いつも笑顔でいるように」

ワイナンスだけでなく、バラックマンもソーシも、ロバートも、旅立っていった人たちは、生前、わたしに先住民社会で学んだことを書くようにとすすめてくれた。とくにバラックマン夫妻は、諭すようにこう話していた。

「これまでに先住民社会で経験したことを書き残しなさい。そうすれば、ちゃんと評価されて、たくさん売れて、それで生活ができるようになるから」

もちろん、現実はそんなに甘くない。焦る気持ちはあったが、それでも彼らがくれた言葉の意味を、自分なりに理解するように努めてきた。

「文章には、先住民と触れあった自分の魂を吹き込みなさい」

マリエッタ・パッチは最近、会うたびにそういってくれる。彼らの言葉、彼らの生き方をうまく文章にできたかはわからない。ただ、これからも彼らの日常や教わったことをすこしずつでも理解できるようになれたらと願っている。

集英社新書編集部の渡辺千弘さんには、前作『「辺境」の誇り』につづいて、企画から出版にいたるまで、大変お世話になりました。この場をお借りして、御礼申し上げます。

先住民社会の環境問題を専門にしている地理学者、妻の徳子にはアメリカの大学院で研究していたときからつねに支えられてきた。

二〇一九年四月から一年間、客員教授としてカナダのアルバータ大学先住民学部で研究を行い、あらたな地域の先住民と出会う機会をいただいている。海外研究（長期）に送り出してくれた、亜細亜大学の同僚の先生方や事務のスタッフの方々に感謝申し上げたい。おかげでわたしは、先住民クリー族の言語と、ビーズ刺繡を学ぶことができた。

アルバータ大学の教員で、わたしのクリー語の先生であるドロシー・サンダーは、

「クリー語でしか伝わらない世界がある。ゆっくりでいいから、心と全身、自分の人生のすべてを使って感じなさい」

とやさしく語る。

カナダ先住民、ナコタ族出身のリッキー・カーディナルはこう話した。

「アメリカでもカナダでも、虐殺や抑圧された歴史を経て、いまを生きられる先住民はラッキーだ。だからこそ、やるべきことがたくさんある」

あらたな先住民文化に触れながら、東西南北にひろがるアメリカの大地に生きる、先住民の人たちの営みを想う日々がつづいている。

最後に、これまで出会ったすべての先住民とマイノリティのみなさんに、心から感謝の気持ちをあらわしたい。ありがとうございました。

二〇一九年一一月　カナダ、アルバータ州にて

鎌田　遵

本書の一部は、『こころ』（平凡社）、『部落解放』（解放出版社）、「私の視点」（朝日新聞）、「東京新聞」に執筆したものや共同通信で配信された記事に、再取材し、加筆したものです。なお、煩雑さを避けるために、敬称を省略させていただきました。取材に応じてくださった方の肩書きと経歴、年齢は、取材時のものです。

主要参考文献（オンライン資料に関しては、二〇一九年一〇月一五日最終閲覧）

青木晴夫『滅びゆくことばを追って』岩波書店、同時代ライブラリー、一九九八年
朝日新聞アイヌ民族取材班『コタンに生きる』岩波書店、同時代ライブラリー、一九九三年
石山徳子「先住民族の大地―「移民の国」という幻想への抵抗」、兼子歩・貴堂嘉之編『「ヘイト」の時代のアメリカ史』彩流社、二〇一七年、四九―七〇頁
鎌田遵『「辺境」の抵抗』御茶の水書房、二〇〇六年
鎌田遵『ネイティブ・アメリカン』岩波新書、二〇〇九年
鎌田遵『ドキュメント　アメリカ先住民―あらたな歴史をきざむ民』大月書店、二〇一一年
鎌田遵『「辺境」の誇り―アメリカ先住民と日本人』集英社新書、二〇一五年
ジャレド・ダイアモンド、倉骨彰訳『昨日までの世界』（上下巻）日本経済新聞出版社、二〇一三年
Amnesty International. *Maze of Injustice: The Failure to Protect Indigenous Women from Sexual Violence in the USA*, 2007.
https://www.amnestyusa.org/pdfs/mazeofinjustice.pdf
Aoki Haruo. *Nez Perce Dictionary*. Berkeley: University of California Press, 1994.
Barkan, Steven E. *Race, Crime, and Justice: The Continuing American Dilemma*. New York: Oxford University Press, 2018.
Black, Jason Edward. "Native Authenticity, Rhetorical Circulation, and Neocolonial Decay: The Case of

Chief Seattle's Controversial Speech." *Rhetoric and Public Affairs* 15-4 (2012): 635-645.

Centers for Disease Control and Prevention. "Native Americans with Diabetes: Better Diabetes Care Can Decrease Kidney Failure." *CDC Vital Signs*. January, 2017. https://www.cdc.gov/vitalsigns/aian-diabetes/index.html

Center for the Study of the Pacific Northwest. "Texts by and about Natives: Commentary. 5. Two Versions of Chief Seattle's Speech." University of Washington. https://www.washington.edu/uwired/outreach/cspn/Website/Classroom%20Materials/Reading%20the%20Region/Texts%20by%20and%20about%20Natives/Commentary/5.html

Conlin, Joseph R. *The American Past: A Survey of American History, Volume II: Since 1865*. Boston: Wadsworth, 2009.

Curtin, Sally C. and Holly Hedegaard. "Suicide Rates for Females and Males by Race and Ethnicity: United States, 1999 and 2017." National Center for Health Statistics, Health E-Stats. June, 2019. https://www.cdc.gov/nchs/data/hestat/suicide/rates_1999_2017.pdf

Guthrie, Thomas H. "Good Words: Chief Joseph and the Production of Indian Speech(es), Texts, and Subjects." *Ethnohistory* 54-3 (2007): 509-546.

Hardoff, Richard G. *Indian Views of the Custer Fight: A Source Book*. Norman: University of Oklahoma Press, 2005.

Knowler, William C., Peter H. Bennett, Richard F. Hamman, and Max Miller. "Diabetes incidence and prevalence in Pima Indians: a 19-fold greater incidence than in Rochester, Minnesota." *American*

Journal of Epidemiology 108-6 (1978): 497-505.

Krupat, Arnold. *"That the People Might Live": Loss and Renewal in Native American Elegy*. Ithaca: Cornell University Press, 2012.

Leavitt, Rachel A., Allison Ertl, Kameron Sheats, Emiko Petrosky, Asha Ivey-Stephenson, and Katherine A. Fowler. "Suicides among American Indian/Alaska Natives — National Violent Death Reporting System, 18 States, 2003-2014." *Morbidity and Mortality Weekly Report* 67 (2018): 237-242. https://www.cdc.gov/mmwr/volumes/67/wr/mm6708a1.htm

Lewis, Johnnye, Joseph Hoover, and Debra MacKenzie. "Mining and Environmental Health Disparities in Native American Communities." *Current Environmental Health Reports* 4-2 (2017): 130-141.

Minton, Todd D., Susan Brumbaugh, and Harley Rohloff. "American Indian and Alaska Natives in Local Jails, 1999-2014." U.S. Department of Justice, Office of Justice Programs, Bureau of Justice Statistics. September, 2017.
https://www.bjs.gov/content/pub/pdf/aianlj9914.pdf

National Indian Gaming Association. *Indian Gaming Annual Report 2019: 2019 Indian Gaming Tradeshow & Convention. San Diego Convention Center, San Diego, California.*
http://www.indiangaming.org/news/national-indian-gaming-association-2019-annual-report

National Indian Gaming Commission. "2018 Indian Gaming Revenues of $33.7 Billion Show a 4.1% Increase." For Immediate Release. Washington, DC. September 12.
https://www.nigc.gov/news/detail/2018-indian-gaming-revenues-of-33.7-billion-show-a-4.1-

increase

National Indian Gaming Commission. "Growth in Indian Gaming Graph 1995-2004." https://nigc.gov/images/uploads/reports/growthinindiangaminggraph1995to2004.pdf

Norris, Tina, Paula L. Vines, and Elizabeth M. Hoeffel. "The American Indian and Alaska Native Population 2010: 2010 Census Briefs." U.S. Department of Commerce, Economics and Statistics Administration, U.S. Census Bureau. January, 2012. https://www.census.gov/history/pdf/c2010br-10.pdf

Petrosky, Emiko, Janet M. Blair, Carter J. Betz, Katherine A. Fowler, Shane P.D. Jack, and Bridget H. Lyons. "Racial and Ethnic Differences in Homicides of Adult Women and the Role of Intimate Partner Violence — United States, 2003-2014." *Morbility and Mortality Weekly Report* 66 (2017): 741-746. https://www.cdc.gov/mmwr/volumes/66/wr/mm6628a1.htm

Smith, Andrea. *Conquest: Sexual Violence and American Indian Genocide.* Cambridge: South End Press, 2005.

Substance Abuse and Mental Health Services Administration. *Results from the 2013 National Survey on Drug Use and Health: Summary of National Findings.* NSDUH Series H-48, HHS Publication No. (SMA)14-4863. Rockville, MD: Substance Abuse and Mental Health Services Administration, 2014. https://www.samhsa.gov/data/sites/default/files/NSDUHresultsPDFWHTML2013/Web/NSDUHresults2013.htm

TallBear, Kim. *Native American DNA: Tribal Belonging and the False Promise of Genetic Science.*

Minneapolis: University of Minnesota Press, 2013.

Trahant, Mark. "#Native Vote 16 — Indian Country Was Like America... Only More So." *Indigenous Policy* 28-3 (Winter 2016-17): 364-365.

U.S. Census Bureau. "Facts for Features: American Indian and Alaska Native Heritage Month: November 2011." CB11-FF.22. November 1, 2011.
https://www.census.gov/newsroom/releases/archives/facts_for_features_special_editions/cb11-ff22.html

U.S. Census Bureau. "Facts for Features: American Indian and Alaska Native Heritage Month: November 2015." CB15-FF.22. November 2, 2015.
https://www.census.gov/content/dam/Census/newsroom/facts-for-features/2015/cb15-ff22_AIAN_month.pdf

U.S. Congress. *Implementation of Indian Gaming Regulatory Act: Oversight hearing before the Subcommittee on Native American Affairs of the Committee on Natural Resources, House of Representatives 103rd Congress, 1st session.* October 5, 1993.
https://www.washingtonpost.com/wp-stat/graphics/politics/trump-archive/docs/trump-congressional-testimony-indian-gaming-regulator-act-oct-1993.pdf

U.S. Department of Justice Archives. "Protecting Native American and Alaska Native Women from Violence: November is Native American Heritage Month." November 29, 2012.
https://www.justice.gov/archives/ovw/blog/protecting-native-american-and-alaska-native-

women-violence-november-native-american
U.S. Department of the Interior, Bureau of Indian Affairs. "Mission Statement." n.d.
https://www.bia.gov/bia
U.S. Department of Veterans Affairs. *American Indian and Alaska Native Servicemembers and Veterans.* September, 2012.
https://www.va.gov/tribalgovernment/docs/aian_report_final_v2_7.pdf
Venn, George. "Chief Joseph's 'Surrender Speech' as a Literary Text." 1998. Revised from *Oregon English Journal* 20 (1998): 69-73.
http://ochcom.org/pdf/Wood-Venn.pdf
Vestal, Christine. "Fighting Opioid Abuse in Indian Country." The Pew Charitable Trusts. December 6, 2016.
https://www.pewtrusts.org/en/research-and-analysis/blogs/stateline/2016/12/06/fighting-opioid-abuse-in-indian-country
West, Elliott. *The Last Indian War: The Nez Perce Story.* Oxford: Oxford University Press, 2011.

その他、各市町村や部族のホームページ、パンフレットや全国紙、地元紙や機関紙などを参考にした。

鎌田 遵（かまた じゅん）

一九七二年東京都生まれ。亜細亜大学准教授。専門はアメリカ先住民研究。高校卒業後に渡米。アメリカ先住民や非合法移民と寝食を共にし、「辺境」を歩いてきた。カリフォルニア大学バークレー校ネイティブ・アメリカン学科卒業。同大学ロサンゼルス校大学院アメリカン・インディアン学研究科修士課程修了。同大学院公共政策・社会調査研究所都市計画学研究科博士課程修了（Ph.D. 都市計画学）。著書に『「辺境」の誇り』（集英社新書）、『ネイティブ・アメリカン』（岩波新書）等。

癒されぬアメリカ 先住民社会を生きる 集英社新書一〇〇二N

二〇一九年一二月二二日 第一刷発行

著者……鎌田 遵

発行者……茨木政彦

発行所……株式会社集英社

東京都千代田区一ツ橋二-五-一〇 郵便番号一〇一-八〇五〇

電話 〇三-三二三〇-六三九一（編集部）

〇三-三二三〇-六〇八〇（読者係）

〇三-三二三〇-六三九三（販売部）書店専用

装幀……新井千佳子（MOTHER）

印刷所……凸版印刷株式会社

製本所……加藤製本株式会社

定価はカバーに表示してあります。

ISBN 978-4-08-721102-3 C0236

Printed in Japan

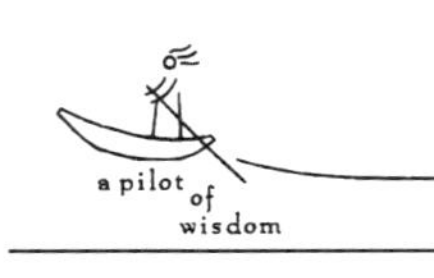
a pilot of wisdom